LA DIVINATION

ET

LA SCIENCE DES PRÉSAGES

CHEZ LES CHALDÉENS

Paris. — Imp. Gauthier-Villars, 55, quai des Grands-Augustins. — 4560-75.

LES SCIENCES OCCULTES EN ASIE

LA DIVINATION

ET

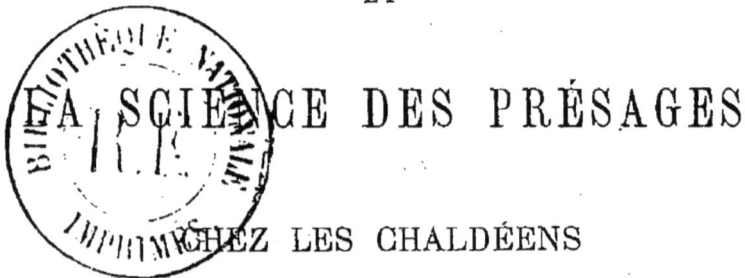

LA SCIENCE DES PRÉSAGES

CHEZ LES CHALDÉENS

PAR

FRANÇOIS LENORMANT

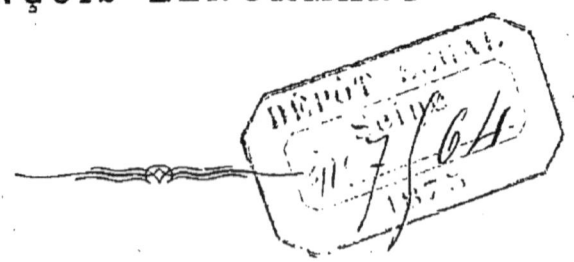

PARIS

MAISONNEUVE ET Cie, LIBRAIRES-ÉDITEURS

15, QUAI VOLTAIRE, 15

1875

LA DIVINATION

ET LA SCIENCE DES PRÉSAGES

CHEZ LES CHALDÉENS

CHAPITRE PREMIER

DOCTRINE SUR LAQUELLE ÉTAIT FONDÉE LA DIVINATION DES CHALDÉENS.

Nous quittons désormais le monde primitif des Accads, étudié dans notre livre précédent sur la *Magie*, pour entrer dans des temps moins reculés, qu'éclaire la pleine lumière de l'histoire. Les institutions, les croyances et les idées que nous allons examiner sont celles de la civilisation chaldéo-babylonienne définitivement constituée, telle qu'elle se présente à nos regards depuis l'époque de Sargon Ier, roi d'Aganê, jusqu'à la conquête d'Alexandre, pendant une période d'au moins seize siècles, avec ses grandes écoles sacerdotales, étendant leur influence et leur autorité sur l'Assyrie comme sur la Babylonie et la Chaldée. La religion est hiérarchisée d'après un puissant système philosophique ; il y a un corps de doctrine fixe et traditionnel, un canon des livres sacrés qui servent de base à l'enseignement dans les temples ; la vieille magie d'Accad a reçu droit de bourgeoisie dans l'ensemble des sciences sacerdotales, mais elle y est reléguée dans un rang très-inférieur et constitue l'apanage spécial de certaines classes de docteurs de second ordre. Ce sont d'autres idées, d'autres superstitions qui tiennent désormais la première place dans les spéculations du sacerdoce et des écoles, qui pénètrent la religion elle-même de leur esprit. L'astrologie est devenue la grande affaire des Chaldéens, comme elle sera leur titre de gloire auprès des autres nations de l'antiquité. Et, quand nous nous servons ici de l'expression de Chaldéens, ce n'est plus dans un sens ethnique. Nous donnons à ce mot la signification qu'il avait prise pour les Grecs et que nous lui voyons déjà dans quelques livres de la Bible ; nous l'entendons comme la désignation de la caste sacerdotale, devenue commune à Babylone et à la Chaldée depuis la grande réforme du xxe siècle, caste entre les mains de laquelle s'était concentrée toute science et qui fut aussi l'institutrice des Assyriens à la civilisation.

« Les Chaldéens, dit le grand philosophe juif Philon (1), paraissent avoir perfectionné l'art astronomique et généthliaque avant tous les autres peuples. En rattachant les choses terrestres aux choses d'en haut, et le ciel au monde inférieur, ils ont montré dans cette sympathie mutuelle des parties de l'univers, séparées quant aux lieux mais non pas en elles-mêmes, l'harmonie qui les unit par une sorte d'accord musical. Ils ont conjecturé que le monde qui tombe sous les sens est dieu, ou en soi, ou tout au moins par l'âme universelle qui le vivifie; et, en consacrant cette âme sous le nom de *destinée* ou de *nécessité* (2), ils ont flétri la vie humaine d'un véritable athéisme, car ils ont donné à croire que les phénomènes n'ont pas d'autre cause que ce qui est visible, et que c'est du soleil, de la lune et du cours des étoiles que dépendent le bien et le mal de chacun. » Il serait difficile de mieux caractériser l'esprit de la doctrine chaldéenne, d'en faire mieux ressortir le côté séduisant et en même temps le vice fonda-

---

(1) *De migr. Abr.* 32. Voy. encore dans le même écrivain, sur l'astrologie chaldéenne : *Quis rer. divin. her. sit*, 20 ; *De Abraham.* 15.

(2) Mettez sous ces mots l'expression originale assyrienne *mamit*, ou son équivalent accadien *namneru*.

mental. Cependant, il ne faut pas prendre à la lettre l'athéisme dont parle Philon et le matérialisme absolu et grossier qui en serait la conséquence, non plus que le langage, différent seulement en apparence, de Diodore de Sicile (1), quand il parle ainsi : « Les Chaldéens disent que, par sa nature, le monde est éternel, qu'il n'a point eu de commencement et n'aura jamais de fin. Quant à l'ordre et à la beauté qui règnent dans l'univers, ils les attribuent à une *Providence divine*, et ils prétendent que, pendant l'âge actuel, les phénomènes, quels qu'ils soient, qui se passent aux cieux, s'accomplissent, non pas au hasard ni spontanément, mais en vertu d'une décision des dieux, fixée d'avance et fermement arrêtée. » La Providence dont il s'agit ici n'est autre que l'intelligence ordonnatrice, non créatrice, du monde, se conciliant, d'une part avec son éternité, d'autre part avec la marche régulière, invariable des astres, soumise à une volonté ou plutôt à une loi suprême. Cette loi, cette volonté sont au fond la même chose que la *destinée* ou la *nécessité* de Philon le juif, la *loi* et l'*harmonie* personnifiée du Sanchoniathon de Philon de Byblos, c'est-à-dire la Thouro-

---

(1) II, 30.

Khousareth de la théologie phénicienne (1), symbole de l'ordre immuable et de l'admirable harmonie qui se révèlent dans l'univers (2). L'expression d'athéisme n'est pas exacte, en ce que les Chaldéens admettaient une essence divine, une âme universelle du monde, premier principe de tous les dieux secondaires, qui étaient comme autant d'hypostases de ce Dieu suprême et unique; mais ils faisaient émaner de la matière éternelle leur être divin, qu'ils n'en séparaient jamais nettement, et qui n'était par conséquent, pour eux, ni purement spirituel, ni véritablement l'Être en soi. Et surtout leur Dieu n'était pas libre; organisateur du monde, Providence qui le dirige, il était lui-même enchaîné dans les liens de la Loi éternelle et immuable, de la nécessité conformément à laquelle, en se manifestant dans une des hypostases émanées de lui-même, il avait fait œuvre de démiurge. C'est l'écueil de tous les panthéismes, et les Chaldéens y avaient complétement versé.

La préoccupation astrologique naquit très-naturellement et de bonne heure chez les Chaldéo-Babyloniens, de la nature même de la religion qui leur

---

(1) Sanchoniath. p. 42, ed. Orelli.
(2) Voy. Guigniaut, *Religions de l'antiquité,* t. II, 3ᵉ part. p. 906.

était commune avec les autres peuples kouschites et sémitiques, ou plutôt que les Sémites septentrionaux avaient en partie puisée chez eux, car il est incontestable aujourd'hui que l'élément accadien avait eu une large part à la formation de cette religion (1). Grands contemplateurs du ciel, frappés des merveilles de l'harmonie sidérale et du rôle actif du soleil dans les phénomènes de la végétation, ils avaient fini par tout rapporter, dans la nature, aux astres et au plus éclatant d'entre eux. Il leur était arrivé ce que Dieu voulait éviter aux Hébreux quand il leur défendait de trop regarder les étoiles : ils les adoraient, non plus seulement comme la manifestation la plus éclatante de la puissance divine, mais comme la Divinité même. L'adoration, née d'une contemplation admirative, conduisit à son tour à une observation régulière, nécessaire pour constater les époques fixes et les retours des fêtes du culte des dieux sidéraux. Dans cette observation, poursuivie avec l'idée préconçue de l'action générale des astres sur les phénomènes de la nature et sur les destinées de l'homme, on crut saisir quelques-unes des lois

(1) Voy. le beau travail de M. Schrader, *Semitismus und Babylonismus*, dans les *Jahrb. für protest. Theol.* pour 1875.

de cette action, quelques-uns des liens qui rattachaient aux mouvements célestes les faits terrestres. On nota les coïncidences qui se produisaient entre les positions ou les apparences des astres et les événements, et l'on crut trouver dans ces coïncidences la clef des prévisions de l'avenir. Dès lors, l'astrologie était fondée. La régularité constante du cours des astres et leur influence sur les changements des saisons avaient inspiré la notion de la loi éternelle et immuable qui unit tous les phénomènes et tous les événements, en établissant entre eux une solidarité indissoluble et en faisant dépendre les choses terrestres des choses célestes. Ceci admis comme un principe fondamental et certain, les coïncidences une fois observées entre l'état du ciel et les événements furent regardées comme devant se reproduire avec une régularité nécessaire. L'astrologie se fixa, et, se confondant avec une masse considérable de vérités astronomiques qu'avait fait découvrir une étude attentive et prolongée du ciel, et qui se vérifiaient chaque jour par la suite des observations, elle prétendit, elle aussi, à une régularité scientifique. Elle crut saisir le secret de la destinée humaine et des accidents de l'histoire, comme des phénomènes de la nature sur la terre, dans le mouvement propre, si compliqué et pourtant si régulier des planètes, dans les circonstances variées de leur position, soit entre elles, soit par rapport au soleil et à la lune. Régulateurs de l'univers, et par suite des événements, les astres en furent aussi les interprètes. Rien n'était indifférent dans leur position et même dans leur aspect; si leurs positions déterminaient les événements, leurs apparences en étaient des présages sûrs (1).

(1) « Si la lune est visible le 1er du mois, la face (du pays) sera bien ordonnée, le cœur du pays sera réjoui. » — « Si la lune apparaît entourée d'un halo, le roi atteindra la primauté. » — « Si la lune apparaît avec sa corne droite longue et sa corne gauche courte, le roi d'un autre pays, sa main sera renommée. » — « Si la lune apparaît très-grande, il y aura une éclipse. » — « Si la lune apparaît très-petite, la récolte du pays sera bonne. » W. A. I. III, 51, 6.

« Si la lune a le même aspect le 1er et le 28 du mois, mauvais augure pour la Syrie. » — « Si la lune est visible le 30, bon augure pour le pays d'Accad, mauvais pour la Syrie. » W. A. I. III, 51, 2.

« Si la lune a le même aspect le 1er et le 27 du mois, mauvais augure pour Élam. » W. A. I. III, 54, 7, l. 57.

« Si le soleil, à son coucher, a l'apparence double de sa dimension normale avec trois rayons bleuâtres, le roi du pays sera perdu. » W. A. I. III, 59, 15.

« Au mois d'ouloul, si Mars est bien visible, la récolte du pays sera bonne, le cœur du pays réjoui. » W. A. I. III, 59, 1.

« Jupiter se lève et son corps brille de l'éclat du jour; son corps apparaît comme la lame d'une épée à deux tran-

C'est ainsi qu'on donna place dans le système à toutes les coïncidences qu'on avait cru remarquer dans les observations entre certains événements et la simple apparence du soleil, de la lune, des planètes et des étoiles fixes; et cela d'autant plus que, ces changements d'apparence tenant en général à l'état de l'atmosphère, on en tirait, à côté de présages politiques ou historiques reposant sur de pures illusions, des pronostics du temps, quelques-uns très-simples, très-exacts et d'une vérification quotidienne (1). On prétendit codifier les augures de ce

chants. C'est un augure favorable, qui porte bonheur au maître de la maison et à toute la terre qui en dépend. En même temps, il n'y a pas de maître dans la basse Chaldée ; la perversité est divisée contre elle-même ; la justice existe ; c'est un fort qui gouverne ;.... le maître de la maison et le roi sont fermement assis dans leur droit ; l'obéissance et la paix existent dans le pays. » W. A. I. III, 52, 1.

« Si l'étoile *Entenamaslum* (Aldébaran ?), à son lever, est très-brillante dans le mois de douz, la récolte du pays sera bonne, le rendement magnifique. » — « Si cette étoile, à son lever, est peu visible, la récolte du pays sera mauvaise. » W. A. I. III, 57, 1.

« Si l'étoile du Grand-Chien est obscure, le cœur du pays ne sera pas joyeux. » — « Si l'étoile du Roi est obscure, le recteur du palais mourra. » W. A. I. III, 59, 13.

(1) « Quand la lune dans son aspect est obscurcie de nuages épais, il y aura des inondations. » — « Quand la lune boit dans le ciel, il pleuvra. » W. A. I. III, 58, 7.

genre comme ceux résultant de la marche et des positions des astres, et on en dressa des tables, à côté de celles des mouvements réguliers des planètes et de leurs influences. Et cette préoccupation envahissant tout, dominant tout, exerça une action réflexe et immense sur la religion même d'où elle avait d'abord découlé. Comme l'a très-bien dit M. Guigniaut, « par l'astrologie, par cette sympathie merveilleuse que les Chaldéens crurent reconnaître entre les phénomènes célestes et les événements de la terre, leur religion fut de plus en plus subordonnée à l'astronomie, qui ne faisait qu'un avec elle, aux conceptions et aux constructions communes à la vraie et à la fausse science (1). » En même temps, toute la vie des Chaldéo-Babyloniens et des Assyriens, qui leur avaient emprunté ces idées, tous leurs actes publics et privés dépendirent des augures tirés des astres, comme n'en dépendit jamais la vie d'aucun autre peuple. C'était un esclavage superstitieux de tous les instants, dont les textes indigènes commencent à nous donner une certaine idée.

---

(1) Pourtant, M. Sayce a démontré (*Transact. of the Soc. of Biblical archæology*, t. III, p. 175 et suiv.) que la liaison invariable d'un dieu avec chacune des sept planètes fut un fait beaucoup plus tardif qu'on ne croyait jusqu'ici.

Des hommes fermement convaincus qu'une loi immuable réglait les destinées et que cette loi dépendait de phénomènes réguliers, accessibles à l'observation, persuadés ainsi qu'ils pouvaient, par une science soumise à des règles fixes, lever un coin du voile qui cachait la succession des événements terrestres et pénétrer les secrets de l'avenir, devaient nécessairement en faire leur principale étude. Leur pensée constante était de scruter les signes dont l'apparition présageait l'approche des événements, amenés par les influences célestes, et, réglant leurs moindres actions sur ces signes, d'en trouver toujours de nouveaux, pour faire chaque chose au moment le plus propice et essayer d'éviter les malheurs imminents. Mais s'ils voyaient dans les mouvements du ciel à la fois la cause déterminante et la révélation des événements, ils ne cherchaient pas seulement dans les espaces de la voûte céleste les signes et les présages indicateurs dont ils pensaient avoir déjà quelques-uns dans la simple apparence des astres; ils en trouvaient encore autour d'eux, sur la terre elle-même.

Tous les peuples primitifs, — pour nous restreindre à ceux-ci et ne pas chercher jusque bien près de nous la continuation du même fait, — tous les peuples primitifs, par une disposition naturelle à l'esprit humain, ont attaché une attention inquiète aux prodiges, aux faits extraordinaires qui se produisaient dans la nature et paraissaient sortir de son ordre habituel ; ils ont attribué un caractère funeste à ces singularités inattendues ; ils ont été portés à y voir des avertissements et des marques du courroux de la puissance mystérieuse qui gouverne le monde, et dont l'homme à lui seul ne conçoit qu'imparfaitement l'essence et les attributs. De là, partout une science plus ou moins développée des présages et de la divination, dont certains individus se prétendent les dépositaires. Chez les Chaldéens, les mêmes idées sur lesquelles l'astrologie s'était fondée, donnèrent à ce genre d'illusions une plus grande importance et surtout un développement plus régulier, plus systématique, prétendant plus au titre de science que nulle part ailleurs. La croyance, d'un côté, à cette nécessité qui conduit tout et soumet tout à son pouvoir, l'homme comme les autres êtres et l'univers entier, nécessité dont les régulateurs sont les astres, enchaînés eux-mêmes par la loi éternelle ; d'un autre côté, à la solidarité de tous les phénomènes et de tous les événements, conduisait nécessairement à croire que rien n'est isolé dans la nature, que rien n'y arrive fortuitement, comme rien n'y est libre. Ceci donné, il y a un rapport constant et intime entre tous les faits, des ordres les plus divers, qui se produisent dans le monde. Tout ce qui arrive d'étrange, toute dérogation à la régularité des phénomènes normaux, ou simplement tout changement saillant et appréciable dans l'apparence et dans la condition des êtres et des objets, est le résultat d'une influence céleste dont l'effet n'est pas limité à l'objet dans lequel on observe le prodige, mais doit s'étendre partout et avoir une action sur les destinées des hommes, sur les événements privés et publics. Tout cela est signe et présage; et il n'y a pas de petits présages. Même dans les êtres les plus infimes et les objets les plus obscurs, si on sait bien les observer, ils donnent des avertissements qui peuvent avoir la plus haute signification; car tout est égal devant la loi, la nécessité qui gouverne les infiniment petits comme l'immense univers, et le plus minime incident n'arrive qu'en vertu de vicissitudes générales, qui embrassent tout le monde dans leur ensemble. Ceci admis, il ne restait plus qu'à observer, comme on l'avait fait pour les phénomènes célestes, les coïncidences entre les événements historiques ou les fortunes humaines et les faits de tout genre qui, dans la nature terrestre, pouvaient être pris comme des signes ou des présages, puis à codifier, comme on l'avait également fait pour les mouvements et les apparences célestes, ces observations et ces coïncidences, afin de les transformer en règles pour la prévision de l'avenir. C'est ce qui eut lieu en effet. Et, de cette façon, les Chaldéens se formèrent, à côté de leur fameuse astrologie, une science des présages et de la divination, non moins compliquée, non moins développée, non moins orgueilleuse dans ses prétentions et non moins entichée de sa soi-disant rigueur scientifique.

C'est cette branche de leurs sciences mystérieuses et sacrées dont je voudrais aujourd'hui tracer un tableau, de ce qu'on en sait du moins par les textes qui sont entre nos mains, réservant pour un autre travail l'étude de leur astrologie, qui demande des recherches plus étendues et d'une nature spéciale. L'histoire de l'astrologie chaldéenne n'est pas, en effet, seulement celle d'une superstition bizarre, c'est un des chapitres capitaux de l'histoire des connaissances humaines, car à cette astrologie se lie d'une manière indissoluble la première astronomie savante qui ait existé dans le monde, une astronomie dont les plus grands entre les Grecs, les Hipparque et les Eudoxe, ont été les disciples, et dont, en beaucoup de choses essentielles, nous sommes encore les héritiers. Au reste, sur ce sujet il reste actuellement bien peu de chose à dire de nouveau, après le beau mémoire de M. Sayce, inséré au tome III des *Transactions of the Society of Biblical Archæology;* la majorité des documents connus et publiés jusqu'à ce jour y sont étudiés et interprétés de la manière la plus heureuse. Mais il en reste encore beaucoup d'inédits, et surtout on peut espérer d'en voir reparaître encore à la lumière, qui étendront les connaissances et mettront à même de comprendre bien des choses encore plongées dans une profonde obscurité.

CHAPITRE II

LA BÉLOMANCIE ET LES SORTS.

A côté de l'observation des présages et des prodiges terrestres, constituée en véritable science, les Chaldéens avaient conservé, comme un vestige de leurs usages primitifs, le procédé le plus simple et le plus rudimentaire de divination, celui par lequel cet art a commencé et qu'on retrouve aux origines de presque tous les peuples (1), l'emploi des sorts. Mais ce n'était pas au moyen des dés qu'ils consultaient le sort, comme les Grecs (2) dans les *thries* de

---

(1) Voy. H. Wiskemann, *De variis oraculorum generibus apud Græcos*, p. 19; Maury, *Histoire des religions de la Grèce*, t. II, p. 441.

(2) Schol. *ad* Pindar. *Pyth.* IV, v. 337, ed. Bœckh. L'invention de ce genre d'oracles était attribuée à Minerve : Zenob. *Cent.* V, 75; Steph. Byz. v. Θρία.

Delphes (1), à l'oracle d'Athéné Sciras, près d'Athènes (2), ou à celui d'Hercule à Bura (3), et les Italiotes à l'oracle de Géryon, à Padoue (4).

Le procédé particulier des Chaldéens est indiqué par un curieux passage d'Ézéchiel (5), où le prophète représente Nabuchodorossor partant pour une expédition et hésitant encore sur le point où il fera porter sa première attaque : « Le roi de Babylone s'est arrêté sur le carrefour, à la tête des deux routes ; pour consulter le sort de la divination, il a mêlé les flèches, il a interrogé les idoles. » Saint Jérôme, commentant ce passage, dit : « Il s'arrêtera sur le carrefour et consultera l'oracle suivant le rite de sa nation, plaçant des flèches dans un carquois et les mêlant, après les avoir inscrites et marquées des noms de ses différents

---

(1) Zenob. *l. c.*; Steph. Byz. *l. c.*; Hesych. v. Θρία; Suid. v. Πυθώ; Lexic. rhetor. *ap.* Bekker, *Anecd. graec.*, p. 365 ; cf. Lobeck, *Aglaopham.* p. 814 et suiv.

(2) Pollux, IX, 96; Eustath. *ad.* Homer. *Odyss.* A, v. 107; Phot. *Lexic.* v. Σκιράφια; Etym. Magn. v. Σκειρά. Cf. Roulez, *Vases peints du musée de Leyde*, p. 9; et ma *Monographie de la Voie Sacrée Éleusinienne*, t. I, p. 185 et suiv.

(3) Pausan. VI, 25, 6.

(4) Sueton. *Tiber.* XIV, 4; voy. de Witte, *Nouv. Ann. de l'Inst. Arch.* t. II, p. 138 et 297.

(5) XXI, 26.

adversaires, afin de voir laquelle sortira, et, par suite, quelle ville il doit d'abord attaquer. » L'usage de cette bélomancie avait passé chez les Arabes, et il était particulièrement florissant à la Mecque jusqu'à l'époque de Mahomet. Les écrivains musulmans ont conservé des détails très-précis sur la manière dont opéraient dans cette occasion leurs ancêtres païens. Les flèches, sans pointes ni pennes, et portant chacune écrit un mot significatif, étaient au nombre de sept, conservées dans la Kâabah sous la garde d'un ministre spécial. On les mêlait dans un sac au pied de la statue de Hobal, le dieu principal du sanctuaire, et on en faisait le tirage après avoir adressé au dieu cette prière : « O divinité, le désir de savoir telle ou telle chose nous amène devant toi. Fais-nous connaître la vérité (1). » Un oracle du même genre existait aussi dans le temple du dieu Dhou-l-Kholoçah, situé à quatre journées de la Mecque, à l'entrée du Yémen ; on y consultait le sort au moyen de trois flèches, appelées l'*ordre*, la *défense*, l'*attente*. On raconte que, lorsqu'Amrou-l-Qaïs se mit en marche pour venger la mort de son père sur les Beni-Asad,

---

(1) Pococke, *Specimen historiae Arabum*, p. 316 et suiv.; Caussin de Perceval, *Histoire des Arabes avant l'islamisme*, t. I, p. 265.

il s'arrêta dans le temple de Dhou-l-Koloçah pour interroger les flèches mantiques. Ayant tiré la *défense*, il recommença, et trois fois de suite il la vit ressortir. Brisant alors les flèches et en jetant les morceaux à la tête de l'idole : « Misérable ! s'écria-t-il, si c'était ton père qui eût été tué, tu ne défendrais pas d'aller le venger (1). »

La divination chaldéenne par les flèches marquées et extraites d'un récipient où on les mêlait, divination dont le procédé s'était, comme on le voit, très-fidèlement conservé chez les Arabes, était tout à fait pareille à l'usage italiote des *sorts* de Préneste, de Cæré (2) et d'autres villes (3). Cicéron (4) nous renseigne avec détail sur les sorts de Préneste. C'étaient des bâtonnets de chêne portant des lettres d'une forme très-antique, qu'on racontait avoir été trouvés à l'intérieur d'une pierre par un certain Numerius Suffucius, instruit par un songe que les dieux lui avaient envoyé. On les conservait dans le temple de la Fortune, et pour les consulter on les

---

(1) Dozy, *Histoire des musulmans d'Espagne*, t. I, p. 22.
(2) Tit.-Liv. XXI, 62.
(3) Voy. Marquardt, *Handb. d. Rœm. Alterth.* t. IV, p. 103 et suiv.
(4) *De divinatione*, II, 41, 85 ; cf. I, 18, 34.

mêlait dans un vase, d'où ils étaient extraits par un enfant (1).

Les textes cunéiformes jusqu'à présent connus n'ont, du reste, encore rien offert qui confirmât le passage d'Ézéchiel et parlât de cette divination chaldéenne par le moyen des flèches. Mais les monuments figurés comblent ici la lacune des documents écrits. Les cylindres babyloniens et assyriens nous montrent à plusieurs reprises les flèches du sort, presque toujours au nombre de huit et figurées tout à fait de la manière dont les auteurs musulmans les décrivent dans le rite de la Kâabah païenne; nous montrent, dis-je, ces flèches tenues à la main de Mardouk (2) et d'Istar (3), les divinités des planètes Jupiter et Vénus, c'est-à-dire des deux corps sidéraux que les astrologues arabes appellent encore *grande* et *petite fortune* (4). L'idole de Hobal à la

---

(1) Voy. Preller, *Rœmische Mythologie*, p. 561.
(2) Lajard, *Culte de Mithra*, pl. XXXII, n° 2; LIV, A, n° 5.
(3) Lajard, *Culte de Mithra*, pl. XXXVII, n° 1.
(4) Les planètes Jupiter et Vénus étaient, après la lune, les objets favoris des observations des astrologues chaldéens. Pour Jupiter : W. A. I. III, 52, 1, qui se réfère aux observations de Nabuchodorossor l'Elamite. Pour Vénus : W. A. I. III, 53, 2; 57, 4; 57, 7; 59, 11; et sur-

Mecque, presque aussi célèbre et aussi vénérée que la Pierre noire, jusqu'à l'établissement de l'islamisme, portait également dans la main les sept flèches mantiques (1).

Les flèches sans pointes ni pennes dont les Chaldéens, et à leur imitation les Arabes, se servaient comme de sorts, sont identiques aux baguettes de tamarisque que les Mages de la Médie employaient pour le même objet, au rapport de Dinon (2). La divination dont nous parlons formait une partie si essentielle de l'office sacré de ces derniers, que le faisceau des baguettes au moyen desquelles ils consultaient le destin, appelé *bareçma* (le *barsom* des Parsis d'aujourd'hui), était un de leurs insignes caractéristiques (3); ils l'introduisirent même dans le mazdéisme proprement dit (4), quand ils furent parvenus à s'y confondre, malgré la répulsion de

---

tout 63, table complète des mouvements de la planète et des augures de ses positions pendant une année. Voyez Sayce, dans les *Transact. of the Soc. of Bibl. Archæol.* t. III, p. 193-200.

(1) Pococke, *Spec. hist. Arab.* p. 8; et mes *Lettres assyriologiques*, t. II, p. 290.
(2) *Ap.* Schol. *ad.* Nicandr. *Theriac.* v. 613.
(3) Strab. XV, 3, 14 et 15.
(4) Vendidad Sadé, XVIII, 1-6.

l'esprit primitif de la doctrine de Zoroastre pour les pratiques divinatoires ; et, chez les Guèbres qui restent maintenant fidèles à la religion de leurs pères, le barsom continue à être un des éléments essentiels du costume des ministres du culte, comme au temps des Sassanides et comme déjà probablement à la fin de l'empire des Achéménides ; les baguettes y sont au nombre de trois, cinq, sept, neuf, toujours un nombre impair (1). La divination par les baguettes ne provient certainement pas du vieux fonds mazdéen (2). Dans le magisme médique, elle était donc un héritage de la population touranienne, qui avait précédé les Iraniens et avait fini par leur faire adopter tant de choses de sa religion (3). Et, en effet, on nous atteste que c'était là un usage commun à toutes les tribus des Scythes de l'Asie (4), c'est-à-dire des Touraniens demeurés encore nomades. Il a passé en Chine, où l'on consulte encore

(1) Yaçna, LVII, 6.
(2) Il n'est question du *bareçma*, ou fait une allusion quelconque à un pareil usage ni dans les *Gâthas*, ni dans le *Yaçna hapthanaiti*, ni dans aucune des plus anciennes parties du Vendidad.
(3) Voy. G. Rawlinson, *The five great monarchies*, 2ᵉ éd., t. II, p. 350.
(4) Schol. *ad* Nicandr. *l. c.*

aujourd'hui le sort avec des flèches sans pointes ni pennes, comme celles des Arabes antéislamiques, et cette divination est ainsi dans le même cas que l'antique cycle touranien de soixante ans, que nous retrouvons également à la Chine et en Babylonie, tandis qu'il est étranger aux Aryens et aux Sémites. En Chaldée, de nombreux indices tendent à faire croire que ce devait être originairement le mode de divination des Accads, d'autant plus que ceux-ci employaient comme moyen magique un jet des sorts qui devait avoir dans sa forme de grands rapports (1). Remarquons cependant qu'un procédé de tirage des sorts aussi simple, aussi facile et aussi rudimentaire ne saurait être considéré comme caractéristique d'une race déterminée. Hérodote (2) le signale chez les Scythes d'Europe, qui n'avaient rien à voir, comme origine, avec les Scythes d'Asie ou Saces, et qui étaient certainement de sang aryen ; Tacite (3) l'a retrouvé chez les Germains, et Ammien Marcellin (4)

---

(1) Il en est particulièrement question dans la tablette K 142 du Musée Britannique, comprise dans le n° 96 de mon *Choix de textes cunéiformes inédits*.
(2) IV, 67.
(3) *German.* 10.
(4) XXXI, 2.

chez les Alains. Nous venons de le voir dans l'ancienne Italie.

On consultait le sort des flèches sur une question déterminée, ou pour choisir entre deux partis qui se présentaient également à la décision. C'est ce que montre très-bien le passage d'Ezéchiel. Ce n'est pas la divination par les flèches qui a promis la victoire à Nabuchodorossor; ce n'est pas sur la foi de cet augure qu'il a mis son armée en mouvement et qu'il a déterminé le moment propice du départ. Pour cela, il a certainement fait comme tant de rois d'Assyrie, qui le racontent dans leurs annales officielles : il a consulté, par le moyen de leurs interprètes autorisés, les astres et les présages. Ce qu'il demande seulement aux flèches fatidiques, c'est de fixer son choix pour la première attaque et de déterminer la ville sur laquelle il doit faire d'abord tomber ses coups. L'emploi de la bélomancie avait donc un caractère spécial, ses oracles une signification restreinte. C'était un genre de divination secondaire, qui n'avait ni l'importance, ni la valeur réellement révélatrice des destinées futures qu'on attribuait à l'observation des présages naturels, interprétés d'après les règles de la science augurale.

Il importe, du reste, de ne pas confondre la divination dont nous venons de parler, par les flèches ou les baguettes tirées au sort, avec l'emploi de la baguette divinatoire, dont les mouvements, censés spontanés, entre les mains du sorcier ou du devin, révèlent l'existence des trésors cachés ou servent à prédire l'avenir. Cette superstition, dont l'origine se lie bien plus aux idées magiques qu'à la divination proprement dite et à la prétendue science augurale, s'est maintenue très-tard dans notre Occident ; presque jusque dans ce siècle elle a eu des croyants, même parmi les gens instruits et lettrés, et on la trouve encore vivante dans les campagnes d'une grande partie de l'Europe. On ferait une bibliothèque avec les écrits auxquels elle a donné lieu, pour et contre, depuis l'invention de l'imprimerie.

Nicandre (1) nous la montre en usage chez les Grecs ; Jamblique (2) y croit fermement. C'est sans doute cette baguette divinatoire qui est mentionnée dans un document lexicographique (3) sous le nom accadien de *gi namneru*, « roseau du sort », traduit en assyrien par *kilkilluv* (de la racine כלל), *qan mamiti*, « roseau du sort », et *qan pasari*, « ro-

(1) *Theriac.*, v. 613.
(2) *De Myster. Ægypt.*, III, 17.
(3) W. A. I. II, 24, 1, recto, l. 2-4.

seau d'explication, de révélation ». Elle devait, en effet, être connue et employée chez les Chaldéens, puisque nous la trouvons chez les populations de la Palestine à une époque où toutes leurs superstitions magiques et augurales se rattachaient à la source chaldéo-babylonienne. Ainsi le prophète Osée (1), parlant au nom de Jéhovah, s'écrie :

Mon peuple consulte un morceau de bois, un bâton doit lui prophétiser; induits en erreur par l'esprit de fornication, ils se sont prostitués loin de leur dieu.

Une autre allusion au même usage se trouve dans un verset d'Ezéchiel (2), qui nous fait connaître en même temps le mouvement de la baguette divinatoire considéré comme du plus funeste présage :

Et il me dit : « As-tu vu, fils de l'homme? Est-ce trop peu pour la maison de Juda de commettre les abominations qu'ils commettent ici? car ils ont rempli le pays de violences. Qu'ils m'irritent de nouveau; et voici qu'ils dirigent la baguette de sarment vers leur nez. »

La baguette divinatoire se confond d'ailleurs avec la baguette magique que l'Exode met aux mains

---

(1) IV, 12.
(2) VIII, 17.

des magiciens de Pharaon, dont il est à plusieurs reprises question dans les poésies homériques (1), la *virgula divina* de Cicéron (2), sur laquelle a disserté Proclus dans son *Traité de la magie;* elle n'en est qu'une variété, ou plutôt le rôle divinatoire est un des emplois de la baguette du magicien. Or, cette dernière baguette jouait un grand rôle dans la magie chaldéenne. Ici je dois combler une lacune grave de mon précédent ouvrage sur l'art magique des Accads, où il n'en était pas question (3); et, pour rendre à chacun ce qui lui appartient, je dirai que c'est M. Sayce qui m'a éclairé sur le sens de l'expression, fréquemment employée dans le grand recueil magique, qui désigne la baguette à la puissance mystérieuse. Cette expression, que le traducteur assyrien transporte toujours purement et simplement dans son nouveau texte, comme si elle

(1) *Odyss.* K, v. 238, 293, 318, 389; II, v. 172.
(2) *Epist. ad Attic.* I, 44.
(3) Puisque je suis en train, dans ce chapitre, d'additions et de corrections à mon livre sur *La magie chez les Chaldéens*, j'ajouterai à ce que j'y ai dit des nœuds magiques (p. 38), ce passage que j'avais négligé, et qui en prouve l'emploi par la sorcellerie malfaisante comme par la magie propice :
« Silik-moulou-khi, fils d'Eridhou, coupe le nœud de ses mains sublimes. » W. A. I. IV, 8, col. 3. l. 40 et 41.

gardait son nom accadien sans être rendue par un équivalent sémitique, est *gis-zida* (1), « le bâton propice, à l'action favorable. » Le titre de *Nin-giszida*, « la Dame de la baguette magique », est une des désignations de la déesse qu'on appelait en accadien *Nin-ki-gal*, « la Dame de la grande terre », c'est-à-dire de la terre des morts (2), et en assyrien *Allat*, la reine du sombre empire et, par suite, la déesse, par excellence, de la magie et de la nécromancie (3). Le mois d'ab appartenait à Allat, dame de la baguette magique (4).

(1) Il faut lire ainsi, et non *iz-zida*, car le signe de « bois », dont la lecture paraît bien être *iz* quand il a le sens d' « arbre », doit certainement être transcrit *gis* quand il s'emploie pour dire « bâton, morceau de bois. »

(2) L'accadien *ki-gal* est traduit en assyrien *birutu*, « la fosse » du tombeau.

(3) C'est ce qui résulte de W. A. I. ii, 59, verso, l. 36, et du n° 99 de mon *Choix de textes*, verso, l. 7.

En conséquence, la version que j'ai précédemment donnée (*La magie chez les Chaldéens*, p. 158) de l'invocation adressée au taureau de gauche de la porte des enfers (W. A. I. iv, 23, 1) doit être ainsi rectifiée :

« Tu es le taureau engendré par le dieu Zî ; — c'est toi qui portes les zones du Tombeau où résident les morts ; — pour l'éternité la Dame de la baguette magique t'a placé. »

Je ne savais alors que faire de ce nom de *Nin-gis-zida*, que je lisais à tort *Nin-iz-zida*.

(4) Smith, *History of Assurbanipal*, p. 325.

La bélomancie décrite par Ezéchiel n'était pas le seul moyen que les Chaldéens employassent pour chercher à connaître l'avenir par une consultation du sort. Ils usaient encore d'un autre procédé, dont les flèches étaient aussi l'instrument, et auquel un chapitre spécial était consacré, comme nous le verrons tout à l'heure, dans un des traités de science divinatoire conservés dans la bibliothèque de Ninive (1). Celui-ci consistait à lancer avec l'arc des flèches dans une certaine direction et à tirer une indication de la plus ou moins grande distance où elles avaient porté, ainsi que de la manière dont elles étaient tombées. Au témoignage de Mohammed-ben-Ischâq En-Nedîm (2), les Sabiens de Harrân, héritiers d'une grande partie des pratiques de l'ancien paganisme chaldéo-assyrien, célébraient une fête dans le mois de khaziran, où un prêtre lançait au hasard douze flèches garnies d'étoupes enflammées et prédisait l'avenir d'après leur chute. Le *Kitâb-al-fihrist* (3) signale plusieurs traités sur cette divination par le jet des flèches, dont un attri-

---

(1) W. A. I. ɪɪɪ, 52, 3.
(2) Texte publié et traduit par Chwolsohn, *Die Ssabier und der Ssabismus*, t. II, p. 26.
(3) P. 268 et 314, éd. Fluegel.

bué à Ptolémée (1). Les Juifs la connaissaient et la pratiquaient ; même dans les *Midraschim* (2), on veut expliquer par là le passage d'Ezéchiel sur Nabuchodorossor, ce qui est tout à fait inadmissible. En revanche, un certain nombre de commentateurs, et avec raison ce me semble, ont établi un rapport entre la signification augurale attachée à la plus ou moins grande distance où tombaient des flèches lancées à l'aventure dans une certaine direction et le récit biblique où les trois flèches lancées par Jonathan avertiront David, suivant leur éloignement du tireur, du sort qui l'attend dans le palais de Saül (3).

On connaît le récit de la visite de Joas, roi d'Israël, à Élisée mourant (4) :

Élisée était malade de la maladie dont il mourut ; Joas, roi d'Israël, descendit vers lui, et pleurant devant lui, il lui dit : « Mon père, mon père, char d'Israël et son conducteur ! »

Et Élisée lui dit : « Prends un arc et des flèches. » Et après lui avoir apporté un arc et des flèches,

Il dit au roi d'Israël : « Pose ta main sur l'arc. » Et quand il y eut posé sa main, Élisée plaça ses mains sur celles du roi.

(1) Voy. Wenrich, *De auctor graecor. version.*, p. 233.
(2) *Ekah-Rabbtah*, § 54 ; *Qoheleth*, § 116.
(3) I Sam. xx, 19-40.
(4) II Reg. xiii, 14-19.

Et il dit : « Ouvre la fenêtre de l'Orient. » Et il l'ouvrit. Élisée dit : « Tire. » Et il tira. Et il dit : « Flèche de salut de Jéhovah et flèche de salut contre Aram, tu frapperas Aram à Apheq jusqu'à consommation. »

Et il dit : « Prends les flèches. » Et il les prit. Il dit au roi d'Israël : « Frappe la terre. » Et il frappa trois fois et s'arrêta.

L'homme de Dieu se mit en colère contre lui et dit : « Si tu avais frappé cinq ou six fois, alors tu aurais frappé Aram jusqu'à consommation ; mais maintenant, tu ne le frapperas que trois fois. »

Dans une tablette lexicographique (1), il est question de « l'urne des sorts », en accadien *duk namtar* (2), et de « l'urne de bénédiction », en accadien *duk amas* (les traductions assyriennes manquent). Ceci se rapporte manifestement à une divination par les sorts. Mais, sur ces seules indications, nous ne pouvons pas discerner s'il s'agit de la méthode bélomantique ou d'un procédé qui se serait rapproché davantage de celui des *sorts* de Préneste.

(1) Dans mon *Choix de textes*, n° 82, recto, col. 2, l. 25-27.
(2) Dans un autre endroit (W. A. I. II, 22, 1, verso, l. 17), l'accadien *duk namtar* est traduit en assyrien *tirhu* (de la rac. מרח), ce qui semble impliquer une idée de projection des sorts.

CHAPITRE III

LA LITTÉRATURE AUGURALE DES CHALDÉENS.

La science proprement dite des présages et des augures naturels marchait presque de pair avec l'astrologie. Les règles minutieuses, et prétendant à la certitude, qui y présidaient, étaient exposées dans un grand nombre d'ouvrages qui formaient toute une littérature et tenaient une large place dans les bibliothèques sacerdotales de la Babylonie et de la Chaldée, ainsi que dans celles qui se formèrent plus tard en Assyrie sur leur modèle.

Nous possédons (1) la table des matières d'un de ces livres, qui était conservé dans la bibliothèque palatine de Ninive et comprenait vingt-cinq tablettes

---

(1) W. A. I. III, 52, 3.

formant autant de chapitres, quatorze sur les présages terrestres, favorables ou défavorables, et onze sur les augures célestes ou l'astrologie. Chaque chapitre est désigné par sa première ligne, suivant l'usage que les Juifs ont conservé quand ils appellent la Genèse *Bereschith* d'après ses deux premiers mots. L'emploi de cette méthode de désignation fait que l'objet de quelques-uns des chapitres reste pour nous une énigme, en l'absence du texte du livre lui-même.

1. Ainsi : les présages de mal et leurs contraires, — signes de joie ou de malheur pour le cœur des hommes.
2. Ainsi : le chef de l'argent, l'interprète des pluies, l'interprète des pluies.....

Il semble qu'il s'agisse ici d'augures tirés de la pluie ; c'est le genre de divination que l'on appelait βρεχομαντεία et dont on trouve encore quelques traces dans les superstitions populaires turques.

3. L'observatoire de la ville.

Etaient-ce des règles pour son établissement et son organisation? Chacune des cités chaldéennes avait un ou plusieurs de ces observatoires, qui servaient à l'étude des astres et des phénomènes atmosphériques. Dans la Chaldée et la Babylonie, l'observatoire était en même temps le temple, toujours construit en forme de *zikurrat* ou *zigurrat* (mot à mot : pic de montagne) ou de pyramide à étages, à l'imitation de la fameuse « montagne de l'Orient » ou « montagne des Pays » (en accadien *kharsak kurra*, en assyrien *sadu matati*), considérée comme la résidence des dieux et le berceau de l'humanité, la colonne qui unissait le ciel à la terre. En Assyrie, où l'on construisait de véritables temples, on plaçait toujours dans les dépendances du palais, à côté de son temple, une *zikurrat* ou tour à étages, qui paraît avoir servi seulement d'observatoire.

4. L'indication du IVe chapitre est fort longue et présente encore certaines obscurités à l'interprétation. Il s'agit des « oiseaux du ciel, des eaux et de la terre, » des augures que fournissent leurs cris, leur apparence et leur vol ; l'observation est surtout importante et significative quand elle est faite « dans la ville et ses canaux. »

5. Le Ve chapitre traitait encore « des oiseaux de la terre et du ciel » et de l'étude de leur chant au point de vue mantique.

6. Du cinabre est brûlé sur la flamme.

7. Si une maison prend l'apparence de vétusté pour les habitants, cette apparence est un augure funeste.

L'*œcoscopie*, ou étude des apparences extérieures des édifices pour en tirer des présages, est citée parmi les modes de divination dont l'usage s'était conservé chez les Grecs. D'après Nonnus (1), un certain Xénocrate avait composé un traité sur ce sujet. Saint Basile en parle également (2).

8. Au milieu de la ville, des tablettes de terre cuite ont été déposées.

9. La bonne ville du pays, les guerriers y unissent leurs mains à leurs confédérés.

10. Le roi du pays fait garder son argent dans de grandes forteresses.

Il est impossible de déterminer de quelle espèce de présages traitaient ces trois chapitres, mais il est évident que les événements pronostiqués avaient un caractère politique, au moins dans les deux derniers.

11. La femelle criarde de l'oiseau..... (3), dans la ville et sur ses canaux on la voit et on l'entend.

12. Des flèches dans la ville et sur ses canaux sont lancées au loin de terre.

---

(1) *Synagog. histor.*, 61.
(2) Dans sa formule d'exorcisme; voy. Casaubon, *Lection. Theocrit.* chap. v.
(3) Le nom de l'oiseau n'est pas encore déterminé.

Nous avons parlé tout à l'heure de cette forme spéciale de la *bélomancie*.

13. Un songe de grande lumière, le pays en feu; un songe de grande lumière, la ville en flammes.

C'était un chapitre sur l'*oneiromancie* ou *oneirocritique*; nous reviendrons un peu plus loin, et d'une manière séparée, sur ce sujet.

14. Une ourque (*umamu*) avec les oiseaux du ciel.....

En tout, quatorze tablettes des signes de la terre, conformément à la désignation ci-dessus, — leur bonne et leur mauvaise signification.

Les signes du ciel, en compagnie des signes de la terre, sont ensuite enregistrés :

1. Le dieu stable bien est.....
2. Le soleil croît en dimension et l'étoile nommée *izru* (le gardien).....
3. La planète Vénus s'élève à l'aube.....
4. La planète Mars, aux sept noms (1), dans.....
5. L'apparence du soleil et de la lune avec des dimensions égales.
6. La vue simultanée du soleil et de la lune.

---

(1) Ces sept noms sont donnés dans W. A. I. III, 57, 6; ce sont : « Le luminaire qui domine sur l'étoile du chacal, « le luminaire changeant, le luminaire à la marche irré- « gulière, le luminaire ennemi, le luminaire du re- « nard (?), le luminaire du loup, le luminaire *Nibeanu*. » Ce dernier nom est son appellation habituelle.

Ces deux ordres d'apparences célestes tiennent une place très-considérable dans le grand ouvrage astrologique dont nous dirons quelques mots dans un instant.

7. Du premier au cinq du mois, la lune.....
8. L'étoile qui a un noyau en avant et une queue derrière.

Il s'agit ici, comme on le voit, des comètes (1).

9. Le dieu Bin (le dieu de l'atmosphère) produit, et sa main.....
10. L'étoile *iku*.....
11. L'étoile polaire (2), qui tourne sur elle-même au centre (du ciel).

Onze tablettes des signes du ciel, parmi lesquelles l'étoile qui a un noyau en avant et une queue derrière, — les apparences du ciel..... — les signes de la terre avec ceux du ciel..... — le ciel et la terre.

La fin du recto de la tablette qui porte ce précieux catalogue de chapitres est trop mutilée pour qu'on puisse essayer d'en donner une traduction

---

(1) Sur l'observation attentive des comètes par les Chaldéens : Diod. Sic. II, 30.

(2) Sur l'identification extrêmement importante de cette étoile, voy. Sayce, *Transact. of the Soc. of Bibl. Archæol.* t. III, p. 206.

suivie. Il y avait là sept lignes de texte qui décrivaient un phénomène céleste de mauvais augure, car lorsque le texte reprend dans son intégrité, au commencement du verso, on lit :

Par ce présage on apprend ceci : La ville du roi et ses hommes tomberont aux mains de l'ennemi ; la mortalité et la famine..... — ..... sur ta tablette, le nombre que tu as énoncé te dira, et avec.....
C'est une collection de vingt-cinq tablettes des signes du ciel et de la terre avec leurs bons et leurs mauvais présages..... — tous les augures qui existent dans le ciel et sur la terre..... — c'en est l'explication.

Suivent, pendant treize lignes, des notions astronomiques et astrologiques dont je réserve l'étude pour un autre travail, me bornant à en extraire qu'il y a douze mois à l'année, comprenant trois cent soixante jours. Puis vient un curieux calendrier du caractère favorable ou défavorable de chaque mois pour les opérations militaires. Je le traduis en entier, avec ce qui y succède et se rapporte aux différentes veilles (accadien *ennun*, assyrien *masartu*) entre lesquelles on divisait la nuit, chacune comprenant deux heures babyloniennes, à douze au nycthémère, ou quatre de nos heures :

NISAN.	AIR.	SIVAN.	DOUZ.	AB.	OULOUL.	TASRIT.	ARAKH-SAMNA.	KISILIV.	TEBIT.	SABAT.	ADDAR.	MÉMORANDUM AU-DESSOUS.
Favorable	Non.	Favorable	Favorable	Non.	Favorable	?	Favorable	Favorable	Favorable	Favorable	Non.	Pour faire entrer les soldats en campagne.
Non.	Favorable	Non.	Non.	Non.	Favorable	Favorable	Favorable	Non.	Non.	Non.	Favorable	Pour conduire les soldats à la bataille contre les villes et les pays de l'ennemi.
Favorable	Non.	?	?	?	?	Favorable	?	?	Favorable	?	?	Pour fortifier les villes. Et les pays fortifiés sont sous une influence favorable au commencement et à fin du mois.

PREMIÈRE VEILLE.	VEILLE DE MINUIT.	VEILLE DU MATIN.	CE SONT LES VEILLES DE TOUTE LA NUIT.
Défavorable.	Favorable.	Défavorable.	Pour mettre les soldats en route.
Favorable.	Défavorable.	Favorable.	Pour faire donner l'assaut à une ville par les soldats. L'attaque de la ville est dans des conditions favorables ainsi que la marche du soldat lo jour, favorable aux coups de force......

Copié et gravé par les mains de Nabou-kar-ziloumou, fils de Mounamme, interprète du grand pays.

Malheureusement, nous n'avons aucun fragment que l'on puisse rapporter avec quelque chance de certitude au livre dont on vient de voir la table. Jusqu'ici, tout ce qui a été publié de lambeaux de textes cunéiformes relatifs à la science des présages terrestres paraît provenir presque exclusivement d'un seul et même ouvrage, différent de celui-ci et beaucoup plus étendu. C'était sur la matière le livre fondamental et sacré par excellence.

D'après les numéros de pagination qui subsistent sur quelques-uns des débris, on voit qu'il comprenait plus de cent tablettes, toutes remplies d'énumérations de prodiges et d'augures, disposées méthodiquement et accompagnées de leur interprétation. Un très-petit nombre de morceaux en ont été jusqu'à présent publiés (trois dans le tome III des *Cuneiform inscriptions of Western Asia* et huit dans le 3ᵉ fascicule de mon *Choix de textes cunéiformes inédits*) et sont ainsi livrés à l'étude des savants; mais le Musée Britannique en possède une plus grande quantité encore inédits. J'ai pu examiner quelques-uns de ceux-ci à Londres, et M. Smith, entre les mains de qui ils ont tous passé, donne des détails intéressants sur leur contenu (1). D'après le savant employé du Musée Britannique, le nom de l'ancien Sargon y revient fréquemment et d'une manière significative (2). On sait que ce roi, le plus grand peut-être de l'ancien empire de Chaldée, avait été un promoteur actif des études sacerdotales et comme le patron de la réforme, analogue à celle du brahmanisme dans l'Inde, qui systématisa définitivement la religion chaldéo-babylonienne. C'est lui qui fit compiler dans un grand ouvrage méthodique, composé de soixante-dix tablettes, dont nous avons de nombreux fragments, appartenant à trois récensions différentes, tous les résultats de la science astrologique jusqu'à son époque ; et cet ouvrage, qui paraît avoir été terminé seulement sous le règne de Naram-Sin, son fils, demeura toujours le bréviaire des astrologues chaldéens, malgré les conquêtes postérieures dans les connaissances effectives en astronomie, par exemple la découverte de la théorie des éclipses de lune (3) et de leur calcul (4), laquelle

(1) *North-British review*, janvier 1870, p. 311.
(2) Voy. la mention formelle que c'est un livre « de Sargon » dans le n° 92 de mon *Choix de textes*, verso, 1. 31.
(3) Diod. Sic. II, 31.
(4) Gemin. *Elem. astron.* 15 ; Suid. v. Σάροι.

n'était certainement pas consommée à l'époque de la rédaction du livre dont nous parlons (1). On possède, en effet, une série de petites tablettes qui contiennent chacune la réponse d'un astrologue officiel, qui l'a signée, à une question déterminée sur tel ou tel phénomène, telle ou telle apparence céleste ; ce sont toujours des extraits du grand ouvrage qui mérite de porter dans l'histoire de l'astronomie le nom de *Tables de Sargon*, comme on dit les *Tables Alphonsines ;* et on les retrouve à leur place dans les pages conservées de ce livre.

Ainsi s'explique un phénomène qui, jusqu'ici, restait absolument incompréhensible, la contradiction qui existe entre les connaissances si exactes et si scientifiques sur la lune, l'origine empruntée de sa lumière et la cause de ses éclipses, que Diodore de

---

(1) On essaye d'y prédire les éclipses de lune d'après l'apparence de cet astre : W. A. I. III, 51, VI, l. 7 et 8. Cependant, il y a déjà un commencement de calcul, mais encore si inexact qu'il arrive des éclipses en dehors du temps calculé : W. A. I. III, 51, VII ; 55, 1, l. 16. De même, à l'époque de la rédaction de ce livre, on commençait à calculer les conjonctions du soleil et de la lune, mais avec des erreurs qui en laissaient fréquemment arriver d'imprévues : voy. Sayce, *Transact. of the Soc. of Bibl. Archæol.* t. III, p. 246.

Sicile (1) attribue aux astronomes chaldéens, et les idées grossières que Vitruve (2), Plutarque (3) et Stobée (4) disent avoir empruntées aux écrits de Bérose, le propagateur de l'astrologie chaldéenne chez les Grecs (5). D'après ces idées, en effet, la lune aurait été une sphère obscure d'un côté et enflammée de l'autre, et ses phases auraient été produites par une révolution qu'elle aurait opérée sur elle-même, ses éclipses par un mouvement subit qui lui aurait, à de certains moments, fait présenter à la terre sa face obscure au lieu de sa face brillante. Ceci a paru misérable aux critiques modernes, et la plupart ont admis que des renseignements d'un tel genre devaient provenir de quelque astrologue ignorant et sans rapports quelconques avec la Chaldée, qui aurait faussement paré ses écrits du grand nom de Bérose. Mais le point de vue doit changer, maintenant que nous pouvons constater que les notions encore si grossières, que l'on nous dit empruntées au livre de ce prêtre, sont exactement conformes à celles dont

(1) II, 31.
(2) IX, 1, 4.
(3) *De placit. philosoph.* II, 29.
(4) *Eclog. phys.* p. 552 et 556, ed. Heer.
(5) Joseph. *Contr. Apion.* I, 19; Senec. *Nat. quæst.* III, 29; Plin. *Hist. nat.* VII, 37.

la trace est empreinte à chaque pas dans le vaste traité compilé par ordre de Sargon Ier. C'est bien aux écrits du vrai Bérose que ces choses ont été empruntées, et il se montrait un rapporteur des croyances exprimées dans les livres sacrés de sa nation aussi exact en matière d'astrologie qu'en matière de cosmogonie et d'histoire. La contradiction qui surprend dans les rapports des écrivains grecs sur la science chaldéenne existait dans la réalité, au moins dès le temps du règne des Sargonides en Assyrie, entre l'astronomie véritablement scientifique, fondée sur l'observation et le calcul, et déjà maîtresse de très-grandes découvertes, et les doctrines des anciens livres, dont les prédictions augurales continuaient à servir de code pour les consultations astrologiques. Les preuves en abondent ; je les grouperai dans le travail que je compte consacrer à l'astrologie des Chaldéens et qui complétera cette série d'études sur leurs sciences occultes. A l'époque dont je parle, non-seulement les docteurs chaldéens et leurs disciples assyriens connaissaient la vraie cause des éclipses de lune et en calculaient exactement le retour, mais ils étaient partis de là pour établir un calcul de prévision des éclipses de soleil, calcul qui, dans certaines occasions, se trouvait exact (1), comme celui que Thalès fit un jour (2), évidemment d'après leurs principes (3), et qui, dans d'autres cas, était démenti par l'événement (4); mais, en même temps, quand les particuliers ou le souverain les consultaient sur l'avenir, d'après l'état du ciel, ils répondaient conformément à l'antique traité, que leurs connaissances réelles avaient bien dépassé, mais dont ils croyaient les prédictions toujours vraies, si les théories scientifiques en avaient dû être abandonnées. Il y a même plus, et je crois qu'on est en droit d'affirmer, d'après le témoignage de Sénèque (5), que c'est précisément ce traité d'astrologie de Sargon Ier que Bérose avait traduit en grec ou tout au moins analysé. En effet, le

(1) Sur les cas où les Chaldéens pouvaient calculer exactement une éclipse de soleil d'après une éclipse de lune antérieure de quelques années, voy. Airy, *Proceedings of the Royal Astronomical Society*, t. XVIII, p. 148.

(2) Herodot. I, 74; Eudem. *ap.* Clem. Alex. *Stromat.* I, p. 354; Cic. *De divinat.* I, 49; Plin. *Hist. nat.* II, 12.

(3) Thalès avait aussi prédit, d'après les astres, une récolte extraordinaire d'olives (Aristot. *Polit.* I, 5), et ces prévisions pour les récoltes tiennent une place considérable dans le grand traité astrologique chaldéen.

(4) W. A. I. III, 51, 9, rapport au roi par l'astronome officiel Abal-Istar sur une éclipse de soleil attendue et n'ayant pas eu lieu.

(5) *Nat. quæst.* III, 29.

philosophe dit, en parlant de cet écrivain : *Berosus qui Belum interpretatus est;* or, d'après les formules de pagination qui accompagnent ses tablettes, le traité en question était intitulé : « l'Illumination de Bel », *Namar Bel* (1), et c'est certainement à ce titre, cité par Bérose lui-même comme la source où il avait puisé ses renseignements, que font allusion les expressions de Sénèque, dont le véritable sens n'a pas pu être compris jusqu'ici.

Ces dernières observations m'ont entraîné assez loin de mon sujet. Il est bien temps de revenir à l'ouvrage sur les présages terrestres, qui est le pendant naturel, et encore plus étendu, du grand ouvrage d'astrologie. C'est un livre manifestement de la même époque, car il offre avec celui-ci les plus étroites analogies comme plan, comme mode de rédaction, comme état de la langue et comme orthographe. Il est aussi caractérisé par la singulière multiplication des expressions idéographiques et allophones (2), qui s'y appliquent presque à tous les

---

(1) Dans un endroit, je trouve même simplement « Tablette 57 de Bel » : W. A. I. III, 52, 2.

(2) On désigne ainsi des mots originairement phonétiques en accadien, que l'on introduit dans les textes assyriens, à titre d'expressions idéographiques complexes,

substantifs et à la plus grande partie des verbes, de telle façon qu'il n'y a guère que les éléments purement grammaticaux qui soient écrits phonétiquement en assyrien (1). Enfin, dans les deux ouvrages, la géographie est la même, et l'un ne connaît pas plus que l'autre l'existence ethnique et politique de l'Assyrie. En s'ajoutant à ces indices, la mention fréquente du roi Sargon Ier, signalée par M. Smith, prend une très-grande valeur. Elle donne lieu de penser que le livre sur les présages terrestres, qui résume les travaux d'une longue pratique antérieure de l'art augural, a été rédigé en même temps que le livre d'astrologie, par les ordres du même prince, de ce roi d'Aganê, qui, deux mille ans environ avant notre ère, réunit sous son sceptre la Babylonie et la Chaldée, jusqu'alors divisées (2). En tout cas, nous

sans plus tenir compte de leur prononciation primitive, et en les lisant par le mot assyrien correspondant. Le même fait se produit chez les Japonais, qui, dans certains textes, introduisent des mots chinois, en les lisant tout différemment, par le mot japonais correspondant.

(1) Voy., du reste, pour des détails plus précis sur l'orthographe particulière à ces textes, mon livre sur *La langue primitive de la Chaldée et les idiomes touraniens*, p. 67 et suiv.

(2) La principale copie de cet ouvrage que possédait la bibliothèque de Ninive, et dont les fragments se trouvent

trouvons là deux branches bien distinctes de la science des prévisions de l'avenir chez les Chaldéens, ayant leurs traités fondamentaux séparés, et assez développées pour que chacune dût réclamer des docteurs particuliers. Et il est important de noter que la division que nous constatons dans les livres astrologiques et divinatoires de la Chaldée correspond, dans les données du livre biblique de Daniel, à deux classes spéciales de la caste des Chaldéens, les *chasdim* et les *gazrim*, les astrologues et les devins, de même que nous avons constaté déjà, dans un travail antérieur (1), que trois autres classes y répondaient aux trois divisions des livres magiques.

maintenant à Londres, avait été faite dans la onzième année de Sargon II, l'Assyrien, c'est-à-dire en 711 avant Jésus-Christ, d'après un manuscrit remontant au xiie siècle. Ce dernier manuscrit, ou peut-être celui dont il avait été lui-même copié, avait beaucoup souffert par le cours des ans et présentait de nombreuses lacunes, indiquées çà et là par le mot *hibi*, « effacé. »

(1) *La Magie chez les Chaldéens*, p. 13.

CHAPITRE IV

LES AUGURES ET L'ARUSPICINE.

Diodore de Sicile (1), dans le célèbre passage où il donne les détails les plus précis et les plus exacts sur les études des docteurs chaldéens, ainsi que sur leur doctrine et leur système astrologique, ajoute : « Ils sont versés dans l'art de prédire l'avenir par le vol des oiseaux ; ils expliquent les songes et les prodiges. Expérimentés dans l'inspection des entrailles des victimes, ils passent pour saisir exactement la vérité. » L'écrivain grec nous signale ainsi chez les Chaldéens l'existence, à l'état d'une étude poussée très-avant et régulière dans ses procédés, des quatre divisions principales que l'on reconnaissait à l'art

(1) II, 29.

divinatoire dans le monde classique, la science des augures et des auspices cherchés dans l'observation des oiseaux, l'aruspicine d'après les entrailles des victimes, l'étude et l'explication des prodiges ou signes de toute nature, τέρατα, qui constituait la mantique proprement dite, enfin l'interprétation des songes. Son dire est confirmé par le témoignage des fragments parvenus jusqu'à nous de la littérature augurale en écriture cunéiforme, car nous y trouvons des exemples de toutes ces sortes de divination, suffisants pour nous donner une certaine idée de la manière dont on les pratiquait.

L'importance attachée à l'observation des oiseaux et aux augures que l'on en tirait est attestée par ce fait que, sur les quatorze chapitres de l'ouvrage dont nous avons vu la table des matières, trois y étaient consacrés. Malheureusement jusqu'ici on n'a retrouvé aucun fragment de ce genre, et cette lacune est d'autant plus regrettable, qu'il eût été très-instructif pour l'histoire et la filiation des superstitions augurales de comparer les idées et les pratiques des devins de Babylone sur ce point avec ce que les écrivains classiques nous apprennent de l'emploi des mêmes présages par les augures d'autres peuples de l'antiquité et de leur manière de les interpréter. On voit cependant, par les titres de chapitres rapportés plus haut, que les Chaldéens attachaient une signification prophétique au vol et aux cris de différents oiseaux; il en était de même chez les Grecs et chez les Romains ou les Etrusques, leurs maîtres en ces matières, et même en Italie, au témoignage de Festus, on divisait les oiseaux servant aux auspices en deux classes, *alites* et *oscines,* suivant que c'était leur vol et leurs cris auxquels on demandait le secret de l'avenir. Dès l'origine de cette divination, du reste, on avait dû attacher une égale importance à ces deux modes de manifestation, car elle reposait d'abord sur une observation réelle, celle des présages naturels que fournissent certains oiseaux, dont les cris, les ébats, le vol sont des indices de changements atmosphériques. Maintenue dans ces limites, l'étude des auspices aurait pu être une science véritable; mais on en avait fait une superstition ridicule en appliquant ces augures à des choses qu'ils ne pouvaient pas annoncer. La divination d'après les oiseaux, l'art des οἰωνοπόλοι, était d'usage très-ancien en Grèce; les poésies homériques nous la montrent complétement constituée (1); certaines traditions fai-

(1) *Iliad.* B, v. 858; *Odyss.* A, v. 200; B, v. 158; Cf. Pabst, *De diis Graecorum fatidicis,* p. 31.

saient inventer cet art par Télégonus (1), le fils d'Ulysse et de Circé. Mais d'autres ne le représentaient pas comme indigène et disaient qu'il avait une origine asiatique, qu'il avait été apporté de la Phrygie (2). En effet, Cicéron (3) signale la Phrygie, la Cilicie, la Pisidie et la Pamphylie comme les contrées où florissait particulièrement la divination par le moyen du vol et des cris des oiseaux; or, on sait combien l'Asie Mineure avait été pénétrée, dès une époque ancienne, par l'influence de la civilisation euphratique, et comment elle fut le canal par lequel une grande partie des choses de cette civilisation pénétrèrent chez les Grecs. Cicéron (4) et Appien, dans un très-curieux passage retrouvé par M. Miller (5), parlent du développement que la même science des auspices avait pris chez les Arabes, où l'on est en droit d'en rapporter aussi l'origine à l'influence babylonienne; et l'on en retrouve encore des traces chez Maçoudi (6). Dans l'Ecclé-

(1) Nonn. *Synagog. histor.* 61 ; Suid. v. Τηλέγονος.
(2) Clem. Alex. *Stromat.* I, p. 361, ed. Potter.
(3) *De divinat.* I, 1, 41 et 42 ; II, 38.
(4) *De divinat.* I, 41.
(5) *Revue archéologique*, nouv. sér. t. XIX, p. 102 et suiv.
(6) *Les prairies d'or*, trad. Barbier de Meynard, t. III, p. 341.

siaste (1), les oiseaux sont indiqués comme pouvant, par leurs cris ou par leur vol, révéler une chose cachée.

Pour ce qui est de l'aruspiscine, Ezéchiel (2) nous montre Nabuchodorossor consultant le foie des victimes en même temps qu'il a recours à la bélomancie. Je connais quatre fragments du grand traité compilé par ordre de Sargon Ier, qui ont trait à cette science et qui, dans leur état de mutilation, montrent que les Chaldéens cherchaient des présages de ce genre chez les espèces d'animaux les plus variées et dans tous leurs viscères. Deux de ces fragments sont publiés ; le premier (3) traitait d'un signe que l'on pouvait observer dans le cœur d'un jeune chien, d'un renard, d'un moufflon, d'un bélier, d'un cheval, d'un âne, d'un bœuf, d'un lion, d'un ours, d'une brebis, d'autres animaux encore incertains, d'un poisson (4), d'un serpent, et qui, chez chacun de

(1) x, 20.
(2) xxi, 26.
(3) Dans mon *Choix de textes*, n° 87.
(4) M. de Longpérier et M. de Witte ont établi par le témoignage des représentations d'un cylindre que le poisson était quelquefois, chez les Babyloniens, la victime offerte aux dieux dans le sacrifice : *Bullet. archéol. de l'Athénœum français*, 1855, p. 101 ; 1856, p. 36 et suiv. Cf. encore les représentations des cylindres dans Lajard, *Culte de Mithra*, pl. XVII, n°^{s} 4 et 10.

ces animaux, prenait une signification différente; malheureusement une fracture a enlevé l'indication de la nature précise du signe et ses interprétations. Le second (1) se rapporte aux indices à tirer de l'aspect et de la couleur des intestins des animaux sacrifiés, et spécialement, semble-t-il, de l'âne ou du mulet. « Si les intestins de l'âne à droite sont noirs, — à gauche sont noirs, — à droite sont bleuâtres et bleuâtres leurs replis, — à gauche sont bleuâtres et bleuâtres leurs replis, — à droite sont de couleur sombre, — à gauche sont de couleur sombre, — à droite sont cuivrés, — à gauche sont cuivrés, » ce sont là autant d'apparences qui fournissent des augures pour les saisons, pour les vicissitudes du pays ou pour le roi. Dans ce fragment, les interprétations sont conservées en partie, mais en général assez difficiles à comprendre, comme tous les textes du même genre, par suite de la nature même de l'orthographe, principalement idéographique. En voici pourtant quelques échantillons :

Si dans les intestins d'un âne (ou d'une bête de somme en général), à droite, il y a comme des empreintes, inondation.

(1) Lajard, *Culte de Mithra*, pl. XVII, n° 88.

Si dans un âne les intestins, à droite, sont tordus et noirs, le dieu produira de l'accroissement dans le pays du seigneur;

Si dans un âne les intestins, à gauche, sont tordus et noirs, le dieu ne produira pas d'accroissement dans le pays du seigneur;

Si dans un âne les intestins, à droite, sont tordus et...., Bin (le dieu de l'atmosphère et des pluies) arrosera le pays du seigneur;

Si dans un âne les intestins, à gauche, sont tordus et...., Bin n'arrosera pas le pays;

Si dans un âne les intestins, à droite, sont tordus et bleuâtres, les pleurs entreront dans le pays du seigneur;

Si dans un âne les intestins, à gauche, sont tordus et bleuâtres, les pleurs n'entreront pas dans le pays.

On voit que l'apparence du côté droit et celle du côté gauche ont toujours les deux significations opposées sans qu'il y ait un côté décidément et constamment funeste; pourtant les signes du côté gauche sont plus rarement des présages favorables que ceux du côté droit. D'autres prédictions sont ensuite tirées de l'intérieur de l'intestin, que l'on ouvrait, paraît-il, après l'avoir d'abord examiné extérieurement:

Si l'intérieur de l'intestin, à gauche, offre des fissures, discordes.

Si l'intérieur de l'intestin, à droite et à gauche, offre des fissures, discordes.

Si l'intérieur de l'intestin, à droite et à gauche, est noir, éclipse.

Des deux fragments encore inédits dont j'ai la copie sous les yeux en écrivant et que je compte publier plus tard, l'un a trait à l'inspection du foie (1), l'*hépatoscopie*, comme on disait chez les Grecs, qui constituait la partie la plus importante de l'aruspicine dans le monde classique (2) et aussi plus anciennement chez les Chaldéens, comme le prouve ce qu'Ezéchiel dit de Nabuchodorossor. Le morceau est peu étendu, très-mutilé ; toutes les explications augurales ont disparu. Il ne reste plus que l'énoncé des cas, qui comprennent le plus ou moins grand développement de l'un ou de l'autre des lobes du foie, ou de tous les deux en même temps, l'atrophie complète du lobe droit ou du lobe gauche (3), la couleur noire, bleuâtre, grisâtre, cuivrée ou rouge de l'un des côtés de ce viscère ou de tous deux ;

---

(1) Désigné par le signe BIS, qui est expliqué *kabadtuv* dans W. A. I. II, 36, 1. 53.

(2) Artemidor. *Oneirocrit.* II, 74 ; Cicer. *De divinat.* II, 13 ; Sueton. *August.* 95 ; Senec. *OEdip.* v. 360.

(3) Ce sont des signes de ce genre qui annoncèrent la mort d'Alexandre et celle d'Héphestion : Arrian. *Anabas.* VII, 18.

venaient après des indications tirées de l'aspect et du développement de la vésicule biliaire. Plus mutilé encore est le dernier fragment, mais il en reste assez pour voir que la section du grand ouvrage, dont il provient, avait pour objet l'examen des poumons chez différents animaux ; on distingue la mention de ceux d'un cheval, d'un âne, d'un bœuf, d'un mouton, d'un chien et d'un lion.

C'est évidemment de Babylone que cette prétendue science de l'aruspicine se répandit dans tous les pays voisins, au nord dans l'Arménie et la Commagène (1), à l'ouest dans la Phénicie, d'où elle passa à Carthage (2), dans la Palestine (3), où le Deutéronome (4) défendait aux Hébreux de la pratiquer. Mais c'est surtout en Asie Mineure qu'elle prit un grand développement, dans toute la contrée (5) et particulièrement dans la ville de Telmissus, dont les habitants, à cause de leur habileté dans ce genre de divination, en furent regardés par quelques-uns

---

(1) Juven. VI, v. 549.
(2) Cicer. *De divinat*. II, 12.
(3) Tacit. *Histor*. II, 78.
(4) XVIII, 11.
(5) Athen. IV, p. 174 ; Pausan. VI, 2, 2 ; Tacit. *Histor*. II, 3.

comme les inventeurs (1); les mêmes gens de Telmissus étaient aussi célèbres pour leur habileté dans l'interprétation des prodiges (2). Il est probable que c'est de l'Asie Mineure que la pratique de la consultation des entrailles des victimes passa chez les Grecs, par qui elle fut admise de bonne heure; elle y était en grand usage (3), et les familles des Iamides et des Clytiades avaient une célébrité spéciale pour leur science en pareille matière (4). On prétendait que cet art avait été inventé par Delphus, fils d'Apollon (5), ce qui semblerait indiquer que c'était d'abord à Delphes qu'il avait pris de l'importance. A Rome, l'aruspicine, qui n'eut jamais le même caractère officiel que l'observation des augures et des auspices, était une importation étrusque, et même quand le sénat consultait les aruspices (6), ceux-ci étaient recrutés en Etrurie pour former le collége auquel on avait donné une existence légale (7). Les *libri ha-*

---

(1) Cicer. *De divinat.* I, 41 et 42.
(2) Herodot. I, 178.
(3) Æschyl. *Prometh.* v. 493; Euripid. *Electr.* v. 432 et suiv.; Xenoph. *Hellenic.* III, 4, 15; Plutarch. *Cim.* 18; *Alex.* 73; Dio Cass. LXXVIII, 7.
(4) Cicer. *De divinat.* I, 41; II, 12.
(5) Plin. *Hist. nat.* VII, 56; Nonn. *Synagog. hist.* 61.
(6) Cicer. *De divinat.* I, 43; II, 35; Tit.-Liv. XXVII, 37.
(7) Cicer. *De divinat.* I, 41.

ruspicini étaient des livres étrusques comme les *libri fugurales* et *tonitruales* (1), et les préceptes qu'ils contenaient étaient comptés parmi ceux dont on attribuait la révélation à Tagès (2).

(1) Cicer. *De divinat.* I, 33; Serv. *ad* Virg. *Æneid.* VIII, v. 398; Cf. Macrob. *Saturn.* III, 7.
(2) Cicer. *De divinat.* II, 23; Fest. v. *Tages;* Censorin. *De die nat.* 4; Isidor. *Orig.* VIII, 9. — Sur tout ce qui touche à l'aruspicine étrusque, voy. Ottfr. Müller, *Die Etrusker*, t. II, p. 178 et suiv.

CHAPITRE V

LES PRÉSAGES ET PRODIGES.
SIGNES ATMOSPHÉRIQUES ET PRONOSTICS
TIRÉS DU FEU, DE L'EAU ET DES PIERRES.

Je passe maintenant aux présages que la mantique chaldéenne croyait trouver partout et empruntait aux objets les plus divers. On peut les répartir en différentes classes, suivant qu'on les cherchait dans les phénomènes atmosphériques, dans les choses naturelles inanimées, dans les animaux autres que les oiseaux, dans les diverses parties du corps de l'homme, dans les accidents survenant aux objets façonnés par l'industrie humaine, enfin dans les rencontres fortuites que l'on faisait sans intention d'observation.

La signification prophétique que l'on attachait aux phénomènes localisés dans l'atmosphère appartenait au domaine de la science des présages terrestres. C'est ainsi que nous avons vu que la seconde division du traité en quatorze chapitres sur cette science paraît, d'après son titre, avoir eu pour objet une sorte de *bréchomancie* ou de divination d'après la pluie. L'astrologie tenait compte des nuages en ce qui était de leur position par rapport aux astres nocturnes et de l'action qu'ils exerçaient sur l'apparence de ceux-ci ; elle les faisait alors rentrer dans ses attributions. Mais les nuages qui se montrent dans le ciel pendant le jour, sans relation avec les étoiles, étaient une des matières de l'étude des devins, qui interprétaient dans un sens mantique leurs principaux accidents de forme et de couleur. C'est ce qui résulte d'un fragment très-mutilé et encore inédit, où il est question de nuages de diverses couleurs. Une petite tablette isolée, contenant la consultation donnée en réponse à une interrogation, porte :

Si un nuage d'un noir bleuâtre dans le ciel — s'élève, dans le jour le vent soufflera.
Par Nabou-akhe-irib (1).

Si l'on en juge par cet exemple, les présages tirés des nuées auraient été relatifs au temps qu'il devait

(1) W. A. I. III, 59, 8.

faire, et d'une simplicité tout à fait enfantine. La divination chaldéenne, même au temps de ses plus hautes prétentions, quand elle croyait être maîtresse des secrets des choses futures, gardait des vestiges de ses débuts, de l'âge primitif où elle avait consisté dans un certain nombre d'observations faciles et vraies de présages naturels du temps et des saisons, qui ne pouvaient constituer une science qu'au milieu de l'ignorance d'un peuple naissant à peine à la civilisation. Il est question, bien des siècles plus tard, d'une divination par les nuages qu'une femme nommée Anthusa inventa sous l'empereur de Byzance Léon Ier (1), mais elle n'avait rien de commun avec celle des Chaldéens, et il ne faudrait pas y chercher une tradition se perpétuant à travers les âges.

Aben Ezra (2) et quelques autres commentateurs juifs considèrent comme des observateurs de nuages les *meonenim*, qui constituent une des classes de devins le plus fréquemment citées dans la Bible (3).

---

(1) Phot. *Biblioth.* cod. 242, p. 342, ed. Bekker; Justin. *Quæst.* 31 *ad orthodox.*; Du Cange, *Glossar. infim. græcit.* aux mots περιστεριῶται et νεφοδιῶκται.
(2) Dans son Commentaire sur le Lévitique.
(3) Deuteron. xviii, 10 et 14; II Reg. xxi, 6; Is. ii, 6; lvii, 3; Mich. v, 11.

Philologiquement, c'est l'explication la plus vraisemblable de ce terme (1), bien que saint Jérôme le traduise *observantes somnia* et les Septante κληδονιζόμενοι, c'est-à-dire ceux qui interprètent les tintements d'oreilles et autres bruits fortuits. Au reste, le Lévitique (2) paraît bien défendre aux Hébreux l'observation augurale des nuages, et Jérémie (3) les met en garde contre l'étude des signes célestes et des phénomènes atmosphériques (les διοσημίαι des Grecs), qu'ils tendaient à poursuivre en imitant leurs voisins idolâtres.

Autant qu'on en peut conjecturer d'après un petit lambeau jusqu'à présent inédit, où il ne reste plus que des commencements de lignes, tels que : « Si le vent..... — Si le vent d'ouest souffle..... — ..... — Si le vent de sud dans le jour souffle..... — Si le vent de sud dans la nuit.... » — autant qu'on en peut conjecturer, dis-je, par ce lambeau, les vents étaient encore pour les docteurs chaldéens une source de présages, faisant l'objet d'une étude particulière. Mais il ne nous est pas possible d'aller au delà

---

(1) מעונן est à rapprocher de ענן « nuage », de la racine ענן « couvrir ».
(2) xix, 26.
(3) x, 2.

de la constatation de ce fait, qui s'accorde avec la donnée que Michel Psellus (1) tire d'écrits antérieurs à lui, de l'existence d'une aéromancie chez les Assyriens.

Une bien plus grande importance doit être attachée, malgré leur état de mutilation, à deux fragments qui seront compris dans le 4ᵉ fascicule de mon *Choix de textes*. Du premier, il reste :

La foudre ......
La foudre des étoiles .....
La foudre du dieu Bin ....
La foudre de la terre ....
La foudre de l'eau ....
La foudre de nuit qui brille .....
La foudre de l'astre *Manma* ....
La foudre de l'astre *Baluv* .....
La foudre de l'astre ....
La foudre .....

Les écrivains classiques parlent de deux sortes de foudres que distinguaient les docteurs chaldéens : celles qui tombaient sur la terre et traversaient seulement les nuages, venant des trois planètes supérieures, Saturne, Jupiter et Mars (2); c'étaient, nous

---

(1) *De operat. daemon.* p. 42, ed. Boissonade.
(2) Plin. *Hist. nat.* II, 70, 81.

dit Pline (1), les foudres qui annonçaient spécialement l'avenir; puis les foudres qui éclataient seulement dans les nuages, les *foudres fortuites* de Pline; pour celles-ci, « leur tonnerre était la voix des puissances de l'air, et leur éclair marquait le passage de ces puissances (2). » Nous reconnaissons avec certitude ces deux classes dans « la foudre des étoiles » et « la foudre du dieu Bin », car ce dernier était le dieu de l'air et de l'atmosphère, le dieu spécialement considéré comme le producteur habituel du tonnerre, d'où les appellations de *Rammân*, « le tonnerre », source du syrien Rimmon (3), et de *Barqu*, « l'éclair » (4), qu'il recevait quelquefois, d'où aussi la représentation sur les monuments de l'art tenant le foudre (5), ou symbolisé par la simple figure du foudre (6). La foudre de l'étoile *Manma* et la foudre de l'étoile *Baluv* appartiennent aussi à la première

---

(1) II, 20, 18; 43; 52, 53.
(2) Johan. Lyd. *De ostent.* 21, p. 86, ed. Hase.
(3) Schrader, *Jahrb. f. protest. Theologie*, 1875, p. 128.
(4) Voy. mes *Lettres assyriologiques*, t. II, p. 182.
(5) Layard, *Monuments of Nineveh*, pl. 65; New ser., pl. 5; Cullimore, *Oriental cylinders*, n°s 96, 107 et 119; Lajard, *Culte de Mithra*, pl. XXVIII, n° 9; XXX, n° 1; XXXVI, n° 8; XXXVII, n° 6; LIV B, n° 1; voy. mon *Essai de commentaire de Bérose*, p. 93.
(6) Cullimore, n°s 54, 58, 60, 70, 106.

classe et sont des foudres de la planète Mars, auxquelles on attribuait une puissance incendiaire exceptionnelle (1); en effet, les deux noms en question appartiennent à cette planète à des phases différentes de sa révolution (2); le second, en accadien *mul numea,* en assyrien *kakkab baluv,* veut dire mot à mot « l'étoile qui n'existe pas » et s'applique aux moments où Mars s'éloigne assez de la terre pour devenir invisible. On voit que les Chaldéens attachaient une importance à part aux foudres de Mars, puisqu'ils en distinguaient différentes espèces, ayant sans doute des effets différents et des significations augurales propres, suivant que l'astre était à tel ou tel point de son cours. Ce n'est donc pas au sens purement métaphorique, mais dans une intention d'allusion directe à ces phénomènes et à ces croyances, qu'il faut prendre la qualification de « tonnerre » donnée à Nergal, le dieu de la planète Mars, dans un hymne bilingue :

Héros, tonnerre puissant, anéantissant le pays rebelle ;
Héros, seigneur géant, anéantissant le pays rebelle ;
. . . .

(1) Plin. *Hist. nat.* II, 52, 53.
(2) Sayce, *Transact. of the Soc. of Bibl. Archæol.* t. III, 171 et 201.

Tonnerre qui frappe avec vigueur, n'ayant plus d'égal (1).

Les autres espèces de foudres que mentionne notre fragment ne sont pas signalées dans les renseignements si pauvres que les auteurs grecs ou latins nous ont transmis sur les doctrines des Chaldéens, mais nous allons les retrouver dans la fameuse discipline fulgurale des Étrusques (2), qui admettaient, eux aussi, que certaines foudres descendaient des planètes supérieures (3). En effet, les Étrusques connaissaient, et ceci est indiqué comme un des points les plus originaux de leur système, des foudres partant de terre et remontant vers le ciel, dont ils attribuaient la production à Saturne (4). C'est « la foudre de la terre » dont il est ici question, et que je n'hésite pas à assimiler à « la foudre de Bel » ou « de Moul-ge », particulièrement funeste, dont il est question dans plusieurs morceaux magiques, car dans les textes de ce genre l'antique Moul-ge

---

(1) Voy. mes *Premières Civilisations*, t. II, p. 187.
(2) Sur ce sujet, voy. Ottfr. Müller, *Die Etrusker*, t. II, p. 162-178; Th.-H. Martin, *La Foudre, l'Électricité et le Magnétisme dans l'antiquité*, p. 366-380.
(3) Plin. *Hist. nat.* II, 52, 53.
(4) Plin. *ibid.*; Senec. *Nat. quaest.* II, 49.

accadien garde très-nettement son caractère primitif, celui du dieu sombre et terrible qui préside à l'abîme inférieur. Les Étrusques faisaient aussi une classe à part des foudres de nuit, qu'ils attribuaient au dieu Summanus, et les Romains, en abrégeant et en simplifiant leur discipline fulgurale très-compliquée, avaient conservé la distinction des foudres de jour envoyées par Jupiter et des foudres de nuit envoyées par Summanus (1).

En revanche, dans ce que l'on nous dit de la science et des principes des *fulguratores* étrusques, nous ne voyons rien de semblable à « la foudre de l'eau » ou « foudre d'eau » de notre fragment. Celle-ci reste encore à l'état de mystère. Il n'est pas probable qu'il s'agisse ici de la foudre *humide* de Pline (2), laquelle ne diffère pas de la foudre en fumée, ψολόεις, des Grecs (3). On doit plutôt penser aux trombes d'eau, car les anciens considéraient généralement plusieurs espèces de trombes, la trombe enflammée, que les Grecs et les Latins nommaient *prester*, ou bien la

---

(1) Plin. *Hist. nat.* II, 52, 53; Fest. v. *Provorsum;* Paul Diac. v. *Dium.*

(2) *Hist. nat.* II, 51, 52.

(3) Aristot. *Meteorol.* III, 1, 10; *De mund.* 4; Johan. Lyd. *De mens.* III, 52; IV, 96; *De ostent.* 44.

trombe de vent ordinaire (τυφῶν, *turbo*), comme des variétés de la foudre (1). La foudre elle-même était regardée par tous les physiciens de l'antiquité comme un vent enflammé. C'était aussi l'idée des Chaldéens, car le mot par lequel ils désignaient l'ensemble du phénomène de la foudre, *abubu*, distingué du bruit du tonnerre (*rammanu*) et de l'éclair (*barqu*), manifestations de son passage, signifie étymologiquement un tourbillon; M. Prætorius l'a très-bien établi (2). Cependant il me semble qu'il n'y a pas moyen de douter du sens de « foudre » pour ce mot *abubu*, soit écrit phonétiquement, soit au moyen de son synonyme accadien *amaktu*, employé comme allophone dans les documents que nous étudions et dans un grand nombre d'autres textes aussi formels. En même temps, dans l'épopée d'Izdhubar, il devient le mot par lequel on désigne le déluge. Pour que ceci ait été possible, il fallait que la désignation de « foudre » s'appliquât dans certains cas à un météore aqueux. Et pour comprendre toutes ces modifications de sens du même mot, cette réunion de phénomènes qui nous semblent aujourd'hui si

---

(1) Voy. Th.-H. Martin, ouvr. cité, p. 277-281.
(2) *Zeitschr. der deutsch. Morgenl. Gesellsch.* t. XXVIII, p. 89.

distincts sous une seule désignation, il faut se reporter au remarquable résumé que M. Th.-H. Martin a donné des théories des anciens sur l'origine et la nature de la foudre, théories dont plusieurs reportent l'origine aux Chaldéens.

En tout cas, les affinités étroites que nous venons de constater au sujet des diverses espèces de foudres entre les idées des docteurs chaldéo-babyloniens et la discipline étrusque ont une importance de premier ordre, et nous y reviendrons un peu plus loin, pour les rapprocher d'autres faits du même genre et en indiquer au moins les conséquences probables.

Le second fragment relatif aux foudres provient d'un calendrier qui indiquait jour par jour dans les douze mois de l'année le présage résultant de la manifestation du tonnerre en ce jour. Il reste quelques fins de lignes de la première colonne et quelques commencements de lignes de la seconde, que nous reproduisons dans leur disposition, et qui suffisent à faire comprendre l'économie de ce tableau de calendrier :

..... [la récolte du pays sera] bonne, le rendement magnifique.	Si le 27ᵉ jour.....
... . stable, le cœur du pays sera réjoui.	Si le 28ᵉ jour.....

…… la récolte du pays ne sera pas bonne.	Si le 29ᵉ jour…..
….. [le cœur du pays] ne sera pas réjoui, il y aura mortalité.	Si le 30ᵉ jour le tonnerre………
….. [il y aura des pluies] dans le ciel et une abondance d'eau coulera dans les canaux.	Si, dans le 5ᵉ mois, le [1ᵉʳ] jour…..
…….. l'obéissance et la paix dans le pays.	révoltes et divisions dans [le pays]…
….. [il y aura] des pluies dans le ciel et des inondations qui descendront sur le pays.	Si le 2ᵉ jour le tonnerre se produit……….
….. [le roi] mourra; son pays sera divisé.	le cœur du pays sera réjoui; les dieux..
…….. il y aura des maladies et une mortalité.	Si le 3ᵉ jour le tonnerre……….
…….. dévorera; il y aura un tremblement de terre.	Si le 4ᵉ jour……
……………………	famine dans le pays.

Jean le Lydien (1) donne en entier, comme traduit par P. Nigidius Figulus d'après les livres étrusques de Tagès, un calendrier des prédictions fournies par le tonnerre dans tous les jours de l'année, lequel offre une analogie très-frappante avec celui

(1) *De ostent.* 27-38. Les calendriers du même genre que Jean le Lydien emprunte ensuite à Fonteius et à Labéon sont moins simples, prétendent s'appliquer à des événements plus étendus, en un mot ne portent pas le même cachet d'antiquité.

d'où provient ce fragment; les prédictions y sont tout à fait de même nature. Il est évident, du reste, que notre calendrier chaldéen ne comprenait que les foudres ordinaires, « les foudres du dieu Bin » ou atmosphériques, et que « les foudres des étoiles », manifestation bien plus haute de la puissance divine, présageant les plus grands événements, devaient être traitées séparément. De même, le calendrier conservé par Jean le Lydien ne s'appliquait qu'aux tonnerres « qui se produisent au-dessous de la région de la lune », et bien évidemment aux foudres ordinaires, à celles que Jupiter lançait comme avertissement de lui-même et sans avoir besoin du concert des *Dii involuti* ou même de celui des *Dii consentes*.

Diodore de Sicile (1) atteste que les Chaldéens interprétaient au point de vue de la connaissance de l'avenir les tremblements de terre, aussi bien que tous les phénomènes atmosphériques; mais il semble grouper cette interprétation dans le cadre de leur astrologie plutôt que dans celui de leur mantique. En tout cas, aucun fragment, soit du grand traité astrologique, soit de celui des présages, dans lequel

(1) II, 30.

il soit question des tremblements de terre, n'est connu jusqu'à ce jour. Nous ne pouvons donc juger s'il y a quelque part de tradition remontant jusqu'à la Chaldée dans le tableau, fourni par Jean le Lydien (1), d'explications du sens prophétique des tremblements de terre suivant qu'ils ont lieu au moment où le soleil se trouve dans tel ou tel signe du zodiaque.

Nous ignorons aussi dans quelle mesure les Chaldéens avaient développé la *pyromancie* ou la *capnomancie*, divination d'après l'aspect de la flamme et celui de la fumée du sacrifice, si répandue chez les Grecs, qui la pratiquaient dans presque tous leurs temples (2) et en attribuaient l'invention à Amphiaraüs (3). On a vu plus haut qu'une des sections du livre en quatorze chapitres commençait par ces mots : « Du cinabre est brûlé sur la flamme ; » il y avait donc au moins une divination consistant à jeter certaines substances sur le feu et à tirer des présages de la manière dont elles y brûlaient. C'est ainsi que l'on procédait auprès du feu naturel d'Apollonie

---

(1) *De ostent.* 55-58.
(2) Voy. Maury, *Histoire des religions de la Grèce*, t. II, p. 444 et suiv.
(3) Plin. *Hist. nat.* VII, 56.

d'Épire, résultant de dégagements d'hydrogène carboné; on y lançait de l'encens dans la flamme, en adressant sa prière aux divinités locales, et, suivant que cet encens était consumé ou s'échappait de la flamme, on augurait que son vœu était ou non agréé (1). Au reste, l'importance attribuée au Feu en tant que dieu, dans le système magique légué par les Accads à la civilisation postérieure, sa puissance contre les maléfices et toutes les influences funestes, avait dû nécessairement conduire à reconnaître aux différents aspects de sa flamme un caractère prophétique et à y chercher un moyen de divination. Et il me semble que c'est ce qu'indiquent clairement un des hymnes de la collection magique en appelant ce Feu divin « le messager de Silik-moulou-khi (2) », le dieu médiateur assimilé ensuite à Mardouk, et un autre, qui lui dit : « Prophétisant tout ce qui peut être nommé, tu fixes le destin (3). »

D'après ce que nous apprend M. Smith, des parties restées inédites du grand traité des présages terres-

(1) Dio Cass. XLI, 45.
(2) W. A. I. IV, 6, col. 5; voy. ma *Magie chez les Chaldéens*, p. 171.
(3) W. A. I. IV, 14, 2; et mes *Études accadiennes*, II, 1, p. 94 et 95.

tres compilé sous les auspices de Sargon Ier empruntent les signes prophétiques dont elles exposent le sens aux sources et aux fleuves, d'après l'aspect, l'abondance et la rapidité de leurs eaux. Il y avait bien chez les Grecs une *pégomancie* ou divination par les sources, et une *hydromancie* ou divination par l'eau, mais elles n'avaient en réalité aucun rapport avec la branche de la mantique chaldéenne dont l'existence nous est ainsi révélée; en effet, en Grèce, l'*hydromancie* consistait à jeter un objet dans l'eau pour voir s'il s'enfoncerait ou surnagerait, et à observer les ondulations circulaires produites dans l'eau par la chute d'une pierre.

Il y avait aussi un autre genre d'hydromancie, que l'on appelait plus spécialement *cyathomancie* ou *lécanomancie*, suivant que l'on y procédait avec un gobelet ou avec un bassin rempli d'eau ou de tout autre liquide, à la surface duquel on voyait apparaître des images (1), comme dans le fameux « miroir d'encre » des devins arabes de nos jours (2). Ce

---

(1) Voy. les intéressantes remarques de M. Perrot, qui a très-ingénieusement reconnu une scène de lécanomancie dans une des peintures de la maison dite de Livie au Palatin : *Mémoires d'archéologie*, p. 127 et suiv.

(2) Lane, *Modern Egyptians*, t. II, p. 362. — Je l'ai vu moi-même mettre en œuvre à Alep.

mode de divination, tenant de près à la sorcellerie, et qu'il serait peut-être plus exact de classer parmi les évocations magiques, était connu des Grecs, et, à Rome, on prétendait qu'il avait été introduit par Numa. On lui attribuait d'ordinaire une origine perse (1), et il paraît, en effet, qu'il était très-développé chez les Iraniens (2). Mais il existait aussi chez les peuples sémitiques depuis une époque fort ancienne, puisque la Genèse (3) nous montre la divination pratiquée habituellement par Joseph à l'aide du gobelet qui lui sert à amener sa reconnaissance avec ses frères. Il est quelquefois, dans les documents magiques et mythologiques de la Babylonie et de la Chaldée, parlé de coupes magiques dont la possession est prisée très-haut et donne de grands pouvoirs à ceux qui en sont maîtres. Mais jusqu'ici les passages qui y font allusion sont fort obscurs, et surtout ils n'entrent pas dans le détail. Aussi ne peut-on pas savoir, dans l'état actuel des connaissances, si ces coupes magiques avaient ou non un

---

(1) Varr. *ap.* Augustin. *De civ. Dei*, VII, 35.
(2) Strab. XVI, p. 762. — La fameuse coupe de Djemschid, dans le *Schah Nameh*, est une coupe divinatoire de ce genre.
(3) XLIV, 5.

rapport quelconque avec la divination. Mais l'écrivain byzantin Michel Psellus, qui paraît avoir dépouillé très-soigneusement les anciens textes relatifs à la divination, affirme (1) que « la divination par le bassin a été imaginée par les Assyriens, dont l'habileté défiait toute comparaison. » Il en décrit ainsi le procédé :

> Elle se pratiquait au moyen d'un bassin que l'on avait sous les yeux ; il était rempli d'une eau prophétique..... L'eau que l'on verse dans le vase ne diffère point, par essence, des autres eaux analogues ; mais les cérémonies et les incantations que l'on accomplit au-dessus du vase qui la renferme la rendent susceptible de recevoir le souffle prophétique. Cette force divine sort du sein de la terre et n'a qu'une action partielle ; lorsqu'elle pénètre l'eau, elle produit d'abord, au moment où elle s'y introduit, un bruit auquel les assistants ne peuvent trouver de sens, puis, répandue dans le liquide, elle y fait entendre certains sons confus d'où l'on tire des indices pour la connaissance de l'avenir. Ce souffle, appartenant au monde matériel, garde toujours un caractère incertain et obscur, et c'est à dessein que les devins exploitent ces sons légers et confus, afin que, grâce au vague même de ces bruits, ils puissent éviter d'être jamais convaincus de mensonge.

Aucun des fragments que l'on a pu jusqu'ici étudier du grand ouvrage augural conservé dans la bibliothèque de Ninive n'a trait à ce mode de consultation des choses futures.

(1) *De operat. daemon.* p. 42, ed. Boissonade.

Dans quelques tablettes provenant du même ouvrage, un sens de révélation de l'avenir est attribué à l'éclat plus ou moins grand de certaines gemmes. J'en ai publié une (1) qui tire des feux que jette à droite ou à gauche, en haut ou en bas, « le diamant du doigt » des prédictions sur les agissements, le succès ou la défaite des ennemis. Il est clair que l'anneau dont la pierre fournissait par son aspect des augures de cette importance ne pouvait être celui du premier venu, qui n'eût pu donner que des présages d'un intérêt privé ; il doit s'agir ici d'un anneau royal ou de celui qui était passé au doigt de quelque statue divine. Malheureusement le début de la tablette manque, et, par conséquent, nous ne pouvons pas être éclairés sur ce point important d'une manière précise. En revanche, cet exemple et quelques autres analogues me paraissent devoir fournir des indices importants pour déterminer la nature réelle de l'oracle hébreu des Ourim et Thoummim du pectoral du grand-prêtre. Ces objets, dont les noms signifient « lumière » et « vérité », et qui ont donné lieu à tant d'explications contradictoires (2), étaient renfermés dans une sorte de poche à l'inté-

---

(1) Dans mon *Choix de textes*, n° 91.
(2) Voy. Winer, *Bibl. Realwoerterb.*, t. II, p. 747 et s.

rieur du pectoral (1), ce qui prouve qu'ils étaient de très-petite dimension. Dans les circonstances graves, le grand-prêtre les consultait pour connaître l'avenir et obtenir une révélation de Jéhovah. Le plus souvent, quand il est question du recours à cet oracle, la Bible parle de consultation des Ourim (2), ce qui semblerait indiquer que le signe prophétique y était attaché à une notion de lumière ou d'éclat; une seule fois il est parlé de consultation des Thoummim (3). Josèphe (4) prétend que c'est le plus ou moins grand éclat des douze pierres précieuses placées à l'extérieur du pectoral qui constituait les Ourim et les Thoummim, et plusieurs modernes ont adopté cette opinion. Mais elle est en contradiction formelle avec le texte même du Pentateuque, d'où résulte qu'Ourim et Thoummim étaient deux objets parfaitement distincts des douze pierres. Cette erreur reconnue, il est pourtant difficile de croire que Josèphe n'ait pas recueilli, mais en la comprenant

(1) Exod. xxviii, 30; Levit. viii, 8.
(2) Num. xxvii, 21; I Sam. xxviii, 6.
(3) I Sam. xiv, 41. — Sur l'application du mot de Thoummim à la signification d' « amulette », voy. les ingénieuses observations de M. Ewald, *Gesch. des Volkes Israël*, 2ᵉ éd. t. I, p. 338.
(4) *Ant. Jud.* III, 8, 9.

mal, une tradition réelle, d'après laquelle l'oracle aurait consisté dans l'éclat plus ou moins grand de gemmes. En effet, la Chronique samaritaine (1) a conservé la même tradition sous une forme beaucoup plus acceptable, en disant qu'à l'intérieur du pectoral on conservait une ou deux pierres précieuses, que le grand-prêtre examinait et dont les feux, par leurs changements, fournissaient les présages d'Ourim et de Thoummim. Ç'aurait été ainsi quelque chose d'analogue au diamant de l'anneau dont traite notre tablette chaldéenne, et l'élément de rapprochement qui résulte de ce dernier document donne un grand poids à une semblable tradition. Ceci n'a rien, du reste, de contradictoire avec la notion, admise déjà par Philon (2), que les gemmes en question étaient taillées en forme de *teraphim* (3) et avaient, par conséquent, la figure d'images, comme celle de la déesse Ma, en saphir, portée au cou chez les Égyptiens par le juge suprême (4).

(1) XVIII et XXXVIII.
(2) *Vit. Mos.* 3, p. 152, ed. Mangey.
(3) Cf. Jud. XVII, 5 ; Hos. III, 4.
(4) Diod. Sic. I, 48 et 75 ; Ælian. *Var. hist.* XIV, 34.

CHAPITRE VI

SUITE DES PRÉSAGES ET PRODIGES.
LES SIGNES TIRÉS DES VÉGÉTAUX, DES ANIMAUX
ET DES RENCONTRES FORTUITES.

D'après les indications fournies par M. Smith, les présages tirés des arbres tiennent une large place dans le livre qui servait de code principal à la mantique chaldéenne. On devait s'y attendre, car Michel Psellus (1) parle d'une *phyllomancie* assyrienne. De plus, cette espèce de divination, cette valeur prophétique attachée à l'agitation et au bruissement des feuilles d'arbres ou de buissons se retrouve chez tous les peuples, et a été l'une des formes les plus anciennes de la superstition augurale. En Grèce, nous avons les « chênes parlants », προσήγοροι δρύες,

___
(1) *De operat. daemon.* p. 42, ed. Boissonnade.

de Dodone (1), le plus antique oracle des Pélasges, le laurier fatidique de Délos, dont l'agitation fournissait des présages (2), et celui de Delphes (3). Chez les Étrusques, on divisait les arbres en favorables et défavorables suivant la nature de leurs présages (4). En Palestine, c'est-à-dire dans le rayon de l'influence la plus active de la discipline chaldéenne, nous rencontrons le fameux « chêne des devins » près de Sichem (5), les arbres de baume dont le murmure fournissait des oracles à David (6), le palmier sous lequel prophétisait Déborah (7) et qui rappelle les palmiers divins de l'Arabie (8). Les Arabes antéislamiques voyaient aussi un arbre prophétique dans le *samourah* (*Spina aegyptiaca*), dont on portait les

---

(1) Æschyl. *Prometh.* v. 830 ; Cf. Homer. *Iliad.* II, v. 233 ; *Odyss.* Ξ, v. 327.
(2) Virg. *Æneid.* III, v. 73 et suiv.
(3) Homer. *Hymn. in Apoll.* v. 393.
(4) Macrob. *Saturn.* II, 16.
(5) Jud. ix, 37.
(6) II Sam. v, 24.
(7) Jud. iv, 5.
(8) Osiander, *Zeitschr. der deutsch. Morgenl. Gesellsch.* t. VII, p. 481 ; et mes *Lettres assyriologiques*, t. II, p. 103 et suiv. Le palmier était aussi dans une partie de la Chaldée l'arbre sacré par excellence : voy. mon *Commentaire des fragments de Bérose*, p. 330 et suiv.

épines en guise de talisman (1), dont un individu était adoré chez les Beni-Ghatafân comme l'image de la déesse El-Ouzzâ (2), et que les Nabatéens tenaient également pour sacré (3). Ils croyaient entendre des voix annonçant l'avenir sortir des buissons épineux nommés *gharqad* (4). La manifestation de Jéhovah à Moïse dans un buisson ardent au désert du Sinaï (5) se rattache au même ordre d'idées (6).

Les mœurs et les allures de différents animaux

---

(1) Nowaïri, cité par Rasmussen, *Additam.* p. 71.
(2) Voy. Osiander, *Zeitschr. der deutsch. Morgenl. Gesellsch.* t. VII, p. 486.
(3) Voy. A. Levy, *Zeitschr. der deutsch. Morgenl. Gesellsch.* t. XIV, p. 432.
(4) *Aghânî*, ed. Kosegarten, t. I, p. 21.
(5) Exod. III.
(6) Un semblable rapprochement paraîtra peut-être téméraire à quelques personnes, que je regretterais profondément de scandaliser. Mais dans ma pensée il n'implique aucune contestation de la réalité ou du caractère miraculeux du fait. Les communications de Dieu avec les hommes revêtent la forme qui est de nature à frapper le plus les esprits au milieu des idées régnantes. C'est ainsi que les visions bibliques ont toujours la couleur du milieu dans lequel elles se produisent ; c'est ainsi, par exemple, que celles de Joseph sont purement égyptiennes par leur côté plastique et celles du temps des Prophètes purement assyriennes, principalement celles d'Ezéchiel, qui écrivait dans la captivité.

étaient aussi l'une des sources les plus riches de présages. J'ai parlé déjà des augures fournis par les oiseaux, dont l'étude, chez tous les peuples anciens, formait, à cause de son étendue, une branche à part de la science de la divination. Il me reste à dire quelques mots des animaux d'autres classes, et plus spécialement terrestres, que les devins chaldéens observaient comme des interprètes du sort.

Une des premières idées qui, dans ce genre, se soient présentées à l'esprit de l'homme, car nous la retrouvons chez tous les peuples, même les plus sauvages (1), a été celle qui considérait le serpent comme l'animal prophétique par excellence (2); une philosophie postérieure a cherché à justifier ensuite cette vertu de prophétie parce que le serpent est de tous les animaux celui qui se maintient le plus en contact avec la terre, source de toute inspiration (3). Je n'essayerai pas de suivre cette croyance superstitieuse chez d'autres races; mais, chez les Sémites, il est impossible de ne pas être frappé, comme l'a été Bochart (4), de ce fait que le nom du serpent et le

---

(1) Maury, *Histoire des religions de la Grèce*, t. II, p. 463.
(2) Ælian. *Hist. anim.* II, 2.
(3) Schol. *ad.* Pindar. *Pyth.* VIII, v. 64.
(4) *Hierozoïcon*, t. I, p. 20, édit. de Londres.

verbe désignant l'action de pratiques de divination appartiennent à la même racine (*nahhasch*). Les Arabes de l'antiquité croyaient qu'en mangeant le cœur ou le foie d'un serpent on acquérait l'intelligence du langage des animaux (1), et nous avons vu plus haut l'un de nos documents cunéiformes parler d'une consultation de l'avenir dans le cœur d'un serpent. Le serpent était un symbole de science et d'intelligence surnaturelles, et c'est pour cela que la Genèse (2) dit qu'il « était plus rusé que tous les animaux de la terre que Jéhovah avait faits ». Chez les Chaldéo-Babyloniens et les Assyriens leurs disciples, le serpent était un des emblèmes principaux de Êa (3), l'intelligence suprême, le dieu de toute

(1) Philostrat. *Vit. Apollon. Tyan.* I, 14.
(2) III, 1.
(3) J'ai de grands doutes aujourd'hui sur la forme Nouah, que dans mes *Premières Civilisations* et ma *Magie chez les Chaldéens* j'avais proposée comme la lecture assyrienne du nom de ce dieu, l'un des principaux du panthéon des bords de l'Euphrate et du Tigre, l'un de ceux dont la physionomie a le moins changé en passant des antiques Accads à la civilisation postérieure. J'inclinerais désormais à croire que les assyriologues de l'école anglaise et M. Schrader ont eu raison de penser qu'il conservait purement et simplement en assyrien son nom accadien de Êa, comme son épouse celui de Damkina ou Davkina.

science (1). Dans la Lettre de Jérémie placée à la suite des prophéties de Baruch, document que saint Jérôme lui-même qualifie de pseudépigraphe et dont le texte grec paraît avoir été le premier original, mais dont l'auteur révèle une connaissance si exacte et si précise du culte babylonien (2) qu'il m'est impossible de croire qu'il ait pu être écrit ailleurs qu'à Babylone, vers le premier siècle avant l'ère chrétienne ; — dans la Lettre de Jérémie, il est dit des images des dieux : « On raconte que des serpents nés de la terre leur lèchent le cœur. » Il suffit de se rappeler les fables de Cassandre et de Mélampus pour se rendre compte de l'idée prophétique que les anciens attachaient au lèchement par la langue des serpents. La phrase en question semble donc se rapporter à cette circonstance que dans quelques-uns des temples de Babylone on aurait

---

(1) G. Rawlinson, *The five great monarchies*, 2ᵉ édit. t. I, p. 122.

(2) La comparaison de la Lettre de Jérémie avec les monuments babyloniens, particulièrement les monuments figurés, fournirait le sujet d'une étude extrêmement curieuse, que je tenterai peut-être quelque jour. Je ne crois pas que l'on puisse rencontrer dans toute la Bible un livre dont l'auteur ait mieux connu le paganisme chaldéo-babylonien.

élevé des serpents considérés comme des interprètes des dieux et servant à rendre des oracles (1). Quoi qu'il en soit, on n'a encore, à ma connaissance du moins, retrouvé aucun fragment original des livres auguraux de la Chaldée sur les présages fournis par les serpents.

(1) Quoique l'histoire du dragon de Bel, que la Vulgate place à la suite des prophéties de Daniel, soit un morceau de basse époque et sans aucune valeur, on peut admettre qu'il a eu pour fondement un fait réel, ces serpents élevés dans certains temples babyloniens.
Ayant eu l'audace de dire dans un article du *Correspondant* (10 juillet 1874) que dans une discussion scientifique de la date et de la valeur du livre de Daniel, il fallait d'abord écarter ce chapitre et celui de l'histoire de Suzanne « comme des compositions d'une date très-postérieure et qui n'ont aucunement le cachet du reste du livre », je me suis vu en butte aux plus vives attaques de la part des rédacteurs de certains recueils religieux, presque excommunié et rangé parmi les plus dangereux libres penseurs. Ces censeurs d'orthodoxie trop zélés connaissaient peu les Pères de l'Église ; sans cela ils auraient su que je n'avais fait que me conformer à l'avis de saint Jérôme sur les compositions en question. Je crois bon de placer sous leurs yeux les propres paroles du grand docteur dans la préface de son commentaire sur Daniel : *Sed et hoc nosse debemus inter coetera, Porphyrium de Danielis libro nobis objicere, idcirco illum apparere confictum, nec haberi apud Hebraeos, sed graeci sermonis esse commentum, quia in Susannae fabula continetur, dicente Daniele ad presbyteros* ἀπὸ τοῦ σχίνου

Dans les débris que j'ai eu l'occasion d'examiner, ce sont les chiens qui jouent un rôle considérable. J'en ai publié un (1) qui énumère toutes les conséquences de l'entrée de chiens de telle ou telle couleur dans le palais ou dans le temple :

Si un chien jaune entre dans le palais, le palais sera anéanti.

σχίσαι καὶ ἀπὸ τοῦ πρίνου πρίσαι, *quam etymologiam magis graeco sermoni convenire, quam hebraeo. Cui et Eusebius et Apollinarius pari sententia responderunt : Susannae Belisque ac draconis fabulas non contineri in hebraïco ; sed partem esse prophetiae Abacuc filii Jesu de tribu Levi : sicut juxta LXX interpretes in titulo ejusdem Belis fabulæ ponitur* : Homo quidam erat sacerdos, nomine Daniel, filius Abda, conviva regis Babylonis, *quum Danielem et tres pueros de tribu Juda fuisse sancta Scriptura testetur. Unde et nos ante annos plurimos quum verteremus Danielem, has visiones obelo praenotavimus, significantes eas in hebraico non haberi. Et miror quosdam* μεμψιμοίρους *indignari mihi, quasi ego decurtaverim librum : quum et Origenes et Eusebius et Apollinarius aliique ecclesiastici viri et doctores Graeciae, has, ut dixi, visiones non haberi apud Hebraeos fateantur; nec se debere respondere Porphyrio pro his quæ* NULLAM SCRIPTURAE SANCTAE AUCTORITATEM PRAEBEANT.

Antérieurement, Jules l'Africain, doué d'un esprit sagace et d'un vrai sens critique, s'était prononcé nettement contre l'authenticité de ces chapitres et avait engagé son ami Origène à les rejeter.

(1) *Choix de textes*, n° 89.

Si un chien rouge entre dans le palais, le palais sera livré à la dévastation par l'ennemi.

Si un chien entre dans le palais et blesse quelqu'un, le palais sera livré à la dévastation....

Si un chien entre dans le palais et se couche sur le lit, le palais, personne ne......

Si un chien entre dans le palais et se couche sur le trône, le palais sera brûlé.

Si un chien entre dans le palais et se couche sur le palanquin royal, le palais sera dévasté par l'ennemi.

Si un chien entre dans le temple, les dieux ne seront pas miséricordieux pour le pays.

Si un chien blanc entre dans le temple, la durée du temple sera stable.

Si un chien noir entre dans le temple, la durée du temple ne sera pas stable.

Si un chien gris entre dans le temple, le temple souffrira dans ses possessions.

Si un chien jaune entre dans le temple, le temple souffrira dans ses possessions.

Si un chien rouge entre dans le temple, les dieux du temple le déserteront.

Si les chiens se rassemblent en troupe et entrent dans le temple, personne ne....

On devait faire bonne garde aux portes des palais et des temples pour empêcher les chiens d'y entrer, puisque leur seule présence devait pronostiquer de tels malheurs. Au reste, c'est de l'entrée de chiens étrangers qu'il s'agit ici, puisque nous savons par des textes positifs que les monarques assyriens élevaient dans leurs palais des chiens de garde et de chasse en grand nombre; Assourbanipal a même voulu transmettre à la postérité le nom et le portrait de quelques-uns des siens. Ce que j'indique est très-clairement précisé par ces vers du *Phormion* de Térence (1), où nous voyons la même superstition transmise aux Grecs :

> .... *Monstra evenerunt mihi.*
> *Introiit in aedis ater alienus canis :*
> *Anguis per impluvium decidit de tegulis,*
> *Gallina cecinit : interdixit hariolus :*
> *Haruspex vetuit ante brumam autem novi*
> *Negoti incipere.* . . . . . .

Un autre fragment de tablette, celui-ci inédit, interprète gravement les annonces d'avenir qui résultent des incongruités auxquelles les chiens peuvent se laisser aller dans la maison, le palais ou le temple; elles sont toutes sinistres. Les Babyloniens et les Assyriens eussent pris fort au sérieux la scène des *Plaideurs*. J'en cite seulement quelques échantillons :

Si un chien vomit dans la maison, le maître de la maison mourra.

....

____
(1) Act. IV, sc. 4, v. 24-29.

Si un chien, dans le palais, pisse contre le trône, le roi mourra et les ennemis partageront son pays.

....

Si un chien pisse dans le temple, il y aura des pluies torrentielles dans le ciel, des inondations dans les canaux, famine et mortalité.

Si un chien fait ses excréments dans le temple, il y aura un tremblement de terre; Nergal, qui dévore les cadavres, massacrera les hommes avec son arme.

Ailleurs, dans un débris très-mutilé, ce sont les mouches (*zumbi*) qui fournissent les présages. Ceci offre un certain intérêt pour l'éclaircissement d'un point de la mythologie sémitique. Le grand dieu d'Accaron chez les Philistins est appelé *Baal-zeboub*, « le Baal mouche » ou « le Seigneur de la mouche », ce que les Septante traduisent par Βαὰλ μυῖα et Josèphe par Θεὸς μυῖα. Ce Baal-zeboub, dont on a fait ensuite chez les Juifs un prince des démons, avait un oracle célèbre qu'Ochozias, roi d'Israël, envoya consulter sur l'issue de sa maladie (1), ce qui attira sur lui la juste colère d'Elie. L'oracle du dieu-mouche levait avoir les mouches pour interprètes, et quand nous constatons que la mouche avait sa place dans la mantique chaldéenne, nous sommes amenés à

(1) II Reg. i, 2, 3, 6 et 16.

établir un rapport entre le nom singulier de la divinité d'Accaron et le procédé par lequel l'avenir se révélait dans son mantéion. Chez différents peuples anciens, des insectes fournissaient des présages. Tout le monde connaît celui des abeilles dans l'enfance de Platon ; la légende phrygienne de Midas donnait un rôle prophétique aux fourmis (1).

Au reste, Iamblique (2) indique comme très-importante chez les Babyloniens la divination par les mouches ; il dit aussi qu'à Babylone on tirait des augures des lions, des serpents et des sauterelles, enfin de la grêle, ce qui rentre dans les variétés de mantique que nous avons étudiées au chapitre précédent.

Les augures fournis par les animaux rentraient, du reste, en grande partie dans la catégorie de ce que les Grecs appelaient ἐνόδια οἰωνίσματα, ἐνόδιοι σύμβολοι (3), c'est-à-dire les présages fournis par les rencontres fortuites faites par l'homme sur son chemin (4), croyance dépeinte d'une manière si vivante par Théophraste dans son portrait du *Superstitieux*. Il

---

(1) Val. Maxim. I, 6, *ext.* 2.
(2) *Ap.* Phot. *Biblioth.* cod. 94, p. 75, ed. Bekker.
(3) Æschyl. *Prometh.* v. 487.
(4) Nonn. *Synagog. histor.* 64.

semble que les Chaldéens en faisaient une classe à part dans leur science divinatoire, groupant ensemble toutes les rencontres de ce genre, quelle que fût la nature des signes qu'elles présentassent et les distinguant de ceux que faisait apercevoir une observation régulière et intentionnelle. C'est ainsi qu'un simple lambeau présentant seulement quelques commencements de lignes, qui a été recueilli dans les fouilles récentes de M. Smith à Koyoundjik (1), laisse discerner qu'il appartenait à une liste des présages qu'un guerrier peut rencontrer sur sa route. « Si le guerrier fait quelque chose dans un jour non propice », « s'il voit un nuage » d'une certaine façon, « s'il voit trois oiseaux », tels sont quelques-uns des cas dont on y discerne l'énumération, mais toutes les explications ont malheureusement disparu.

Une des formes les plus anciennes et les plus généralement répandues de l'aberration d'idées qui produisait la divination consistait à voir des avertissements dans tous les bruits que le hasard produisait, dans le mouvement fortuit des objets (2), par

(1) Dans mon *Choix de textes*, n° 90.
(2) Voy. Maury, *Histoire des religions de la Grèce*, t. II, p. 442.

exemple dans les craquements que les alternatives de sécheresse et d'humidité amènent dans les boiseries et dans les meubles, et à en chercher une interprétation augurale. C'est manifestement à cet ordre de présages que se rapporte le fragment (1) qui énumère une série de meubles et de parties de la maison, toujours en bois, dans lesquels se produit la voix prophétique (*assaput*, exprimé par l'allophone *ku - a*). L'indication du sens qu'on y attachait a presque complétement disparu ; cependant on discerne qu'un certain nombre de ces signes devaient « réjouir le cœur ».

Au même ordre d'idées se rattachait la superstition, si répandue chez tous les peuples antiques (2) et en particulier chez les Égyptiens (3), qui attachait une valeur prophétique aux paroles fortuitement proférées ou entendues. La Bible elle-même en offre de curieux exemples (4), et après la cessation des Prophètes les Juifs y cherchèrent habituel-

---

(1) Dans mon *Choix de textes*, n° 92.
(2) Herodot. II, 90 ; Virg. *Æneid*. VII, v. 116 ; et dans nombre de passages des écrivains classiques, qu'il serait trop long de citer tous.
(3) Plutarch. *De Is. et Osir.* 14 ; Clem. Alex. *Stromat.* I, p. 304.
(4) Genes. XXIV, 14 ; I Sam. XIV, 9 ; II Reg. XX, 33.

lement des oracles (1); c'est ce qu'ils appelaient *Bath qol*. Sur ce point, les débris jusqu'à présent retrouvés de la littérature augurale chaldéenne demeurent muets.

Mais certains fragments, autant que je puis les comprendre, me paraissent relatifs à un examen augural des pointes de lances et aux particularités que l'on y tenait pour significatives. Ce serait le prototype des *auspicia ex acuminibus* (2), sorte de divination toute militaire à laquelle Marcellus renonça le premier chez les Romains, d'après ce que nous apprend Cicéron, et dont la véritable nature est depuis la Renaissance un sujet de discussion entre les érudits. Si ce que je crois entrevoir dans ces fragments était exact, la véritable explication des *auspicia ex acuminibus* serait celle de Turnèbe (3), mais le texte est encore trop obscur, présente trop d'expressions inintelligibles pour que j'ose être affirmatif.

Nous avons vu plus haut que, dans un des principaux livres relatifs à la science des présages que

---

(1) Voy. la dissertation de Lightfoot sur Matth. III, 13.
(2) Cicer. *De nat. deor.* II, 36; *De divinat.* II, 36.
(3) *Adversar.* XXIII, 12.

possédait la bibliothèque du palais de Ninive, — en général, ces livres avaient été copiés d'après la fameuse bibliothèque d'Erech en Chaldée, — un des chapitres, d'après les indications de la table des matières, était consacré à l'*œcoscopie*, c'est-à-dire à l'étude des apparences que prennent les édifices, des accidents qui s'y produisent, envisagés encore comme un moyen de pénétrer les secrets de l'avenir.

Mais ce qu'il faut remarquer, en revanche, c'est que jusqu'à présent aucun débris des écrits auguraux des Chaldéens ne contient de traces de rien de pareil à la *chiromancie* ou prédiction de l'avenir par les lignes de la main, à l'*onychomancie* ou divination par les taches des ongles, à la *cranioscopie*, en un mot à aucun des procédés divinatoires que nous voyons en usage chez différents peuples, et dont l'essence était de prédire la destinée de chaque homme d'après l'examen d'une certaine partie de son corps. Les docteurs de la Chaldée et de Babylone, qui cultivaient toutes les autres branches de l'art divinatoire et qui paraissent même en avoir été les inventeurs, avaient-ils systématiquement négligé celle-ci, en vertu d'idées qui nous échappent? Il serait téméraire de l'affirmer dès à présent, d'autant plus qu'on pourrait reconnaître dans un des versets du Livre de Job (1) une allusion à la croyance que le destin de l'homme est « scellé » dans sa main. Mais du moins la lacune est singulière, si elle est due simplement au hasard.

(1) XXXVII, 7.

CHAPITRE VII

PRÉSAGES DES NAISSANCES MONSTRUEUSES.

Les pronostics que les Chaldéens prétendaient tirer des naissances monstrueuses chez l'homme et chez les animaux méritent de former une classe à part, d'autant plus que c'est la partie de leur science divinatoire sur laquelle nous sommes, quant à présent, le mieux renseignés. Le développement que leur astrologie avait donné à la généthliaque, ou à l'art des horoscopes des naissances, les avait conduits de bonne heure à attribuer une importance extrême à tous les faits tératologiques qui s'y produisaient. Ils prétendaient qu'une expérience de 470,000 ans (1)

---

(1) C'est le chiffre de Cicéron (*De divinat.* I, 19; II, 46); il s'accorde, à peu de chose près, avec celui de

d'observations toutes concordantes justifiait pleinement leur système, et que nulle part l'influence des astres n'était marquée d'une manière plus incontestable que dans la loi fatale qui déterminait la destinée de chaque homme d'après l'état du ciel au moment où il venait au jour. Cicéron (1), par les termes mêmes dont il se sert pour réfuter les Chaldéens, montre que la conséquence de ces idées était de considérer toutes les infirmités, toutes les monstruosités que présentaient les enfants nouveau-nés, comme un résultat inévitable et irrémédiable de l'action de ces positions astrales. Ceci donné, l'observation de semblables monstruosités donnait comme un reflet de l'état du ciel, d'où dépendaient toutes les choses terrestres; par suite, on pouvait y lire l'avenir avec autant de certitude que dans les étoiles elles-mêmes. De là l'importance de premier ordre attachée à ces augures tératologiques, qui tiennent tant de place

---

Diodore de Sicile (II, 31), 473,000 ans, et avec celui que Pline (*Hist. nat.* XII, 57) donne comme emprunté à Bérose et à Critodème, 480,000. La chronologie de Bérose, d'après les extraits que nous avons de cet auteur, semblerait fournir une durée de 468,000 ans entre la première apparition de l'homme et l'époque de l'écrivain.

(1) *De divinat.* II, 46.

dans les fragments jusqu'ici publiés du grand traité sur les présages terrestres.

A M. Oppert revient l'honneur d'avoir traduit le premier (1) la longue énumération des prédictions appliquées à soixante-douze cas différents de monstruosités chez les enfants qui viennent au monde (2), et d'avoir inauguré par là l'explication des documents auguraux en écriture cunéiforme. Les philologues compétents peuvent seuls apprécier à sa juste valeur le véritable tour de force de science de déchiffrement et de linguistique que réclamait la première interprétation de textes d'une nature si difficile et si obscure, où les complications d'une orthographe particulière étaient une difficulté de plus. Après ce travail de M. Oppert, la voie une fois ouverte, il devient relativement aisé de corriger quelques légères taches dans sa version et de traduire à nouveau d'autres textes analogues. Il y a, du reste, encore bien des points de détail dans ce document dont le sens peut prêter matière à discussion. Mais, pour donner au lecteur une idée des présages et de leur explication, il me sera facile d'en extraire un

---

(1) *Journal asiatique*, 6ᵉ série, t. XVIII, p. 449 et suiv.
(2) W. A. I. III, 65, 1.

certain nombre d'exemples dont la traduction est certaine :

Si une femme met au monde un enfant :
qui a les oreilles d'un lion, il y aura un roi puissant dans le pays ;
à qui l'oreille droite manque, les jours du seigneur (1) (atteindront) à la vieillesse ;
à qui les deux oreilles font défaut, il y aura deuil dans le pays, et le pays sera amoindri ;
qui a l'oreille droite petite, la maison de l'homme (2) sera ruinée ;
. . . .
qui a l'oreille droite monstrueuse, il naîtra un androgyne dans la maison de l'homme.

Cette dernière naissance est donc le présage d'une autre, que la divination de tous les peuples antiques a regardée comme pronostiquant les plus grands malheurs, ainsi que nous l'apprend Cicéron (3). Aussi voyons-nous, dans Tite-Live (4) et dans d'autres écrivains classiques, que toutes les fois qu'il naissait un androgyne, on le précipitait dans la mer, pour détourner les catastrophes annoncées par ce prodige.

(1) Cette expression s'applique toujours au roi.
(2) L'homme chez qui l'enfant monstrueux est né.
(3) *De divinat.* I, 43.
(4) XXVII, 11 et 37.

Si une femme met au monde un enfant :
qui a deux oreilles à droite et n'en a pas à gauche, les dieux amèneront un règne stable, le pays sera florissant, et ce sera une terre de repos.

. . . .

qui a un bec d'oiseau, le pays sera paisible;
qui n'a pas de bouche, la maîtresse de la maison mourra;

. . . .

qui n'a pas de narines, le pays sera en deuil, et la maison de l'homme sera ruinée;
qui n'a pas de mâchoires, les jours du seigneur (atteindront) à la vieillesse, mais la maison (où naît l'enfant) sera ruinée;

. . . .

qui n'a pas de langue, la maison de l'homme sera ruinée;

. . . .

qui n'a pas de nez, le pays sera en deuil, et le maître de la maison mourra;
qui n'a pas de nez ni de marque de sa virilité, les armes du roi seront fortes; la paix sera dans le pays; les hommes du roi seront à l'abri des mauvaises influences, et la *Lilit* (1) n'aura pas de prise sur eux;
dont la lèvre supérieure chevauche sur la lèvre inférieure, bon augure pour les troupes;
qui n'a pas de lèvres, il y aura deuil dans le pays, et la maison de l'homme sera ruinée;

. . . .

qui n'a pas de main droite, le pays sera bouleversé par un tremblement de terre;

. . . .

(1) Sur ce démon femelle, voy. ma *Magie chez les Chaldéens*, p. 30 et 36

qui n'a pas de doigts à la main droite, le seigneur sera humilié par ses ennemis;

. . . .

qui a six doigts au pied gauche, calamité pour les troupes.

Suivent d'autres présages tirés de monstruosités dont l'énumération serait fort bien à sa place dans un traité de tératologie, mais beaucoup moins ici. Je reprends donc mes extraits un peu plus loin :

Si une femme met au monde un enfant :
à qui manque le pied droit, la maison sera ruinée, et il y aura abondance dans celle du voisin;
qui n'a pas de pieds, les canaux d'irrigation seront interceptés et la maison ruinée;

. . . .

qui a les mains et les pieds comme des nageoires de poisson, le seigneur sera malheureux, et il y aura famine dans son pays;

. . . .

qui a trois pieds, deux à leur place normale, et le troisième entre deux, il y aura grande prospérité dans le pays.

La naissance d'un enfant avec des cheveux blancs assure une longue vieillesse au roi; d'autres prédictions, les unes favorables, les autres mauvaises, sont tirées d'indications encore impossibles à traduire avec certitude, et qui demanderaient, pour être expliquées, les connaissances d'un spécialiste sur l'état dans lequel se présente la tête du nouveau-né. Nous y noterons seulement, comme d'une lecture certaine :

Si une femme met au monde un enfant :
qui a sur la tête une coiffe, le bon augure entrera à son aspect dans la maison ;

. . . .

qui a sur la tête des excroissances de chair pendante, il y aura des inimitiés dans le pays ;

. . . .

qui a sur la tête des cornes formées, les jours du seigneur seront diminués sur la durée de sa vieillesse ;

. . . .

qui a des dents déjà poussées, les jours du seigneur (arriveront) à la vieillesse, le pays se montrera puissant sur les pays étrangers, (mais) la maison (où est né l'enfant) sera ruinée ;
qui a la barbe sortie, il y aura des pluies abondantes ;

. . . .

qui a une bouche de vieillard baveuse, il y aura une grande prospérité dans le pays, le dieu Bin donnera une moisson magnifique, et l'abondance sera dans le pays.

On voit que les pronostics tirés des naissances humaines extraordinaires et monstrueuses avaient, pour les devins de la Chaldée, tantôt une signification d'un intérêt général, tantôt un caractère de présages plus particuliers, restreints à la maison et à la famille où le prodige s'était manifesté. On distinguait des naissances monstrueuses chez les simples mortels, pour leur donner une bien plus haute signification, celles qui se produisaient dans les accouchements des reines. Il y a un fragment relatif à cette catégorie de prodiges (1); en voici quelques extraits :

Si une reine enfante :
un mâle...., la royauté sera réduite à la misère ;
un androgyne, la royauté sera abattue ;
un enfant dont les dents soient déjà sorties, les jours du seigneur seront prolongés ;
. . . .
deux jumeaux mâles....., ce sera un bon augure pour le roi ;
un fils et une fille en même temps, ... le pays sera agrandi ;
deux filles en même temps.........
un serpent, [le roi] sera puissant ;
un enfant avec une face de lion, le roi n'aura pas de rival ;
un enfant qui ait six doigts à la main droite, [l'ennemi] opprimera ;
un enfant qui ait six doigts à la main gauche, [l'ennemi] opprimera ;
un enfant qui ait six doigts au pied droit, [l'ennemi] opprimera ;

(1) Dans mon *Choix de textes*, n° 87.

un enfant qui ait six doigts au pied gauche.... fera...;
un enfant qui ait six doigts aux deux [pieds] de droite
et de gauche, le seigneur dominera le pays ennemi.

Mais on n'attribuait pas ce caractère prophétique exclusivement aux particularités exceptionnelles des naissances d'enfants et aux monstres qui peuvent se produire dans l'espèce humaine. On observait avec un soin égal les faits de l'ordre de la tératologie dans les naissances d'animaux, et on en tirait des augures. Les livres sur les prodiges terrestres les prévoyaient et en donnaient l'explication à l'avance. Ainsi, dans une autre tablette (1), nous trouvons dix-sept cas monstrueux de naissances de chevaux, avec leur interprétation. Sauf un seul, tous ces augures intéressent l'État en général. On regardait donc les annonces d'avenir fournies par les cas de monstruosité chez les chevaux comme plus importantes encore que celles qui résultaient des phénomènes analogues chez les hommes, du moins chez les simples particuliers. C'est ce dont on s'assurera par quelques extraits :

Si une jument met bas un petit :
qui n'a qu'un œil, l'ennemi dévastera le pays d'Accad;

---

(1). W. A. I. III, 65, 2, verso.

qui a la crinière d'un lion, le seigneur du pays dévastera ses ennemis ;

qui a les ongles d'un chien, le pays sera amoindri ;

qui a les ongles d'un lion, le pays sera agrandi ;

qui a la tête d'un chien, la vie de la femme sera mauvaise et le pays amoindri ;

qui a la tête d'un lion, le seigneur sera puissant ;

. . . .

dont la tête n'a pas de crinière, son maître sera puissant ;

qui n'a pas d'yeux, le dieu Bel renouvellera une période de temps ;

qui n'a pas de pieds, le roi multipliera ses soldats et fera un massacre ;

qui n'a pas d'oreilles, pour trois ans, les dieux du pays seront faibles ;

dont la queue n'a pas de poils, le souverain pontife (1) mourra.

Ailleurs (2), nous avons le commencement d'une énumération de naissances de chiens :

Si les chiennes ne mettent bas qu'un seul petit, la ville sera détruite ;

---

(1) Je traduis ainsi dans cet endroit le mot *sakkanakku*, car il me paraît impossssible de l'y prendre autrement que comme le titre de la royauté sacerdotale de Babylone. Le sens propre de *sakkanakku* est « vicaire »; à Babylone, ce titre se prend d'une manière absolue pour le plus complet *sakkanakku ilani*, « vicaire des dieux »; il y a aussi des *sakkanakki*, vicaires ou vice-rois d'autres villes. Dans ce cas, c'est par rapport au roi qu'ils sont vicaires.

(2) Dans mon *Choix de textes*, n° 89, à la fin.

si les chiennes mettent bas des petits morts. . . . . .
si les chiennes mettent bas des petits] qui mordent déjà,
la ville souffrira de la famine.

De tous les prodiges de cette espèce, ceux qu'on tenait pour les plus saillants et les plus significatifs étaient, du reste, les cas tératologiques où l'on croyait voir la femelle d'un animal mettre au monde un être d'une autre espèce :

Si une brebis enfante un lion, les armes seront actives, le roi n'aura pas d'égal (1).
Si une jument donne naissance à un lion, le roi sera puissant ;
si une jument met au monde un chien, . . . il y aura famine (2).

Plus d'un lecteur se demandera sans doute s'il n'a pas affaire aux rêveries d'un peuple de fous ou d'imbéciles, et pensera que les sages chaldéens, si fameux dans l'antiquité, méritaient bien peu de passer pour sages, quand ils tiraient leurs prédictions de pareils événements, et croyaient gravement que la naissance d'un enfant sans doigts formés ou d'un

(1) W. A. I. III, 65, 4, verso, l. 28.
(2) W. A. I. III, 65, 2, verso, l. 58 et 59.

cheval borgne, ou bien encore un chien... annonçait la chute d'un empire. Cette superstition des prodiges, attribuant un caractère prophétique à tous les faits anormaux ou seulement singuliers de la nature, est en effet une des plus bizarres aberrations de l'esprit humain. Mais elle s'est produite presque partout, et c'est aussi une des aberrations qui ont duré le plus longtemps et que la science a eu le plus de peine à déraciner. Chez les Chaldéens et les Babyloniens, elle avait été systématisée, ramenée à des règles d'interprétation que l'on croyait précises et scientifiques; surtout la tendance éminemment spéculative du sacerdoce de ce peuple s'était emparée de cette superstition populaire et puérile, pour la relier à une haute doctrine philosophique sur les lois éternelles du monde et la solidarité intime de tous les phénomènes naturels, d'une part, de l'homme et de la nature, de l'autre. C'est par là que chez eux se relevait cette croyance, qui nous semble justement si absurde et si méprisable.

Les Chaldéens, du reste, n'ont pas été le seul peuple de l'antiquité dans la vie de qui la préoccupation des prodiges et de leur valeur fatidique ait eu un rôle capital. Les Romains n'étaient pas moins superstitieux qu'eux sous ce rapport. Chaque fois qu'un *portentum* apparaissait, les augures et les pontifes en étaient avertis, et quand il était jugé par eux d'un présage funeste, on procédait à une cérémonie publique de lustration. Tite-Live enregistre sérieusement, d'après les anciennes annales, tous les prodiges, même les plus ridicules, en les plaçant à leur date dans son histoire. Ce sont tantôt des faits merveilleux, comme les statues qui clignent des yeux, hochent la tête ou se couvrent d'une sueur de sang, tantôt des faits naturels qu'on ne savait comment expliquer et qui paraissaient en dehors du cours normal des choses, tels que les pluies de pierres, qu'elles vinssent d'éruptions volcaniques, comme celles du mont Albain, ou qu'elles fussent produites par la chute d'aérolithes, les taches sanglantes apparaissant sur le sol, les eaux devenues blanches et semblables à du lait, les naissances de monstres chez l'homme et chez les animaux ; tantôt enfin seulement des incidents singuliers, du genre de ceux où nous avons vu les Chaldéens chercher des présages quand un chien entre dans un temple ou dans un palais, par exemple un bœuf qui est monté au troisième étage d'une maison et de là s'est précipité.

Un écrivain des derniers temps du paganisme,

Julius Obsequens, tira de Tite-Live un recueil spécial de prodiges, en accompagnant chacun de la mention de l'événement qu'il avait été censé annoncer. Nous en extrayons toutes les naissances monstrueuses indiquées pour une seule période de vingt-cinq ans, afin de montrer la place qu'elles y tiennent :

M. Marcellus, P. Sulpicius, consuls (587 de Rome).

A Teanum Sidicinum, il naquit un enfant avec quatre mains et autant de pieds. Mais une lustration ayant eu lieu à Rome, il y eut paix à l'intérieur et à l'extérieur.

T. Gracchus, M. Juventius, consuls (590).

A Terracine, il naquit trois jumeaux d'un seul enfantement ;... à Privernum, une fille privée d'une main... A Cæré, vint au monde un porc avec des pieds et des mains d'homme. La même année naquirent des enfants à quatre pieds et à quatre mains.

P. Scipio Nasica, Cn. Martius, consuls (591).

A Frusinone, un bœuf parla. A Reate, naquit un mulet à trois pieds. Cn. Octavius, légat en Syrie, fut assassiné dans le gymnase par Lysias, tuteur du jeune Antiochus.

P. Africanus et Lælius, consuls (606).

A Amiterne, naquit un enfant avec trois pieds et une seule main... Pendant le siége de Carthage, Hasdrubal exerça les cruautés les plus barbares sur les prisonniers romains. Bientôt après, Scipion Émilien détruisit Carthage.

Appius Claudius, P. Metellus, consuls (610).

A Amiterne, il naquit un enfant à trois pieds... Les Salasses ayant infligé un désastre aux Romains, les *decemviri sacrorum* déclarèrent avoir trouvé dans les Livres Sibyllins que, toutes les fois que l'on devait porter la guerre chez les Gaulois, il fallait commencer par offrir un sacrifice sur leur territoire.

L. Metellus, Q. Fabius Maximus, consuls (614).

A cause de la famine et de la peste, les décemvirs firent faire une supplication. A Luni, naquit un androgyne, qui, par le commandement des aruspices, fut jeté à la mer. La peste fut telle à Luni, que les bras manquèrent pour enterrer les cadavres qui gisaient partout sans sépulture. En Macédoine, l'armée romaine fut défaite. L'issue des combats livrés à Viriate demeura douteuse.

Comme je l'ai dit, c'étaient les augures proprement romains, plutôt que les aruspices étrusques, qui étaient d'ordinaire chargés officiellement de constater et d'interpréter les prodiges (1). Ils le faisaient évidemment d'après des règles fixes, constituant une tradition, soit écrite, soit orale. Mais nous ne pouvons douter que cette tradition eût son origine chez les Étrusques et comptât dans les parties de la science augurale dont les jeunes patriciens n'étaient complétement instruits qu'après avoir été les étudier en Étrurie; car des textes formels nous apprennent

(1) Cicer. *De leg.* II, 9.

que les expiations qui avaient lieu en pareil cas, afin de détourner le funeste effet des présages, s'accomplissaient conformément à la discipline étrusque (1). Ce qui le confirme, c'est que dans un grand nombre de cas, c'est aux aruspices étrusques que nous voyons les autorités officielles demander l'explication et l'expiation du prodige, comme dans l'affaire de l'androgyne qu'ils ordonnèrent de brûler vif au commencement de la guerre des Marses (2). Cicéron (3) dit d'ailleurs en termes formels : *Etruria interpretatur quid quibusque ostendatur monstris atque portentis.* Enfin Ottfried Müller (4) a parfaitement remarqué que, chez Tite-Live et dans les ouvrages comme celui de Julius Obsequens, la majeure partie des prodiges que l'on enregistre ont été observés dans des villes étrusques, comme Tarquinies, Volsinies, Cæré, etc.

On a déjà relevé chez les Étrusques, surtout dans les œuvres les plus anciennes de leur art, bien des indices d'une influence asiatique directe et profonde,

---

(1) Val. Maxim. I, 1, 1.
(2) Diod. Sic. *ap.* Phot. *Biblioth.* cod. 244, p. 379, ed. Bekker.
(3) *De divinat.* I, 41.
(4) *Die Etrusker*, t. II, p. 191.

de nature à justifier le récit d'Hérodote, faisant venir de Lydie une partie au moins de cette nation. La conformité que nous constatons aujourd'hui entre l'aruspicine étrusque et la science des devins chaldéens, en ce qui est de l'importance et du sens attaché à certains prodiges, spécialement à la naissance des monstres, est assez grande pour qu'on y voie l'indice d'une transmission, plutôt que le rapport fortuit de deux inventions indépendantes. Il y a là du moins un fait qui ne devra pas être négligé parmi les éléments du difficile problème des origines étrusques, et cela d'autant plus qu'on a pu remarquer que la conformité ne se borne pas à l'étude des naissances prodigieuses sous un point de vue mantique. Nous l'avons constatée la même sur une part de l'aruspicine bien autrement importante et donnée par tous les écrivains anciens comme essentiellement caractéristique des Étrusques, je veux dire la discipline fulgurale. En général, du reste, la divination, l'aruspicine étrusque embrassait les mêmes objets que celle des Chaldéens, la consultation des entrailles des victimes (1), le vol et le chant des oiseaux, auspices pour lesquels leur méthode différait de celle des

---

(1) O. Müller, *Die Etrusker*, t. II, p. 178-185.

Romains (1), les *portenta* de toute nature (2), les arbres, classés en favorables et défavorables (3). Pour les Étrusques aussi, les chevaux étaient au nombre des animaux qui donnaient les présages les plus importants (4). Toutes ces analogies sont telles qu'elles tendraient à faire voir dans les Étrusques des disciples et des héritiers directs de l'aruspicine et de la divination des docteurs de la Chaldée et de Babylone.

Il est aussi important de noter que les procédés mantiques et auguraux des Grecs aux époques primitives paraissent avoir été assez restreints et assez peu variés. La plupart des moyens de divination que nous avons trouvé chez eux à comparer à ceux qu'enregistrent les livres chaldéens, n'ont été en usage que plus tard, à l'époque où les superstitions orientales avaient envahi de tous les côtés le monde grec et surtout à celle où les stoïciens avaient popularisé de plus en plus la croyance à tous les augures et l'avaient fait accepter de beaucoup d'esprits éclairés, en lui donnant une base philosophique, liée à leur doctrine de fatalité. Ce fut Chrysippe qui le

---

(1) O. Müller, *Die Etrusker*, t. II, p. 187-190.
(2) *Ibid.* t. II, p. 191-193.
(3) Macrob. *Saturn.* II, 16.
(4) Serv. *ad* Virg. *Æneid.* III, v. 537.

premier formula cette théorie stoïcienne de la réalité de la divination et des augures, dont Quintus Cicéron se fait le défenseur contre son frère dans le premier livre du traité *De divinatione*. Il écrivit un livre sur les oracles et un autre sur les songes. Quant aux différents genres de divinations et de prodiges, ce fut son disciple Diogène le Babylonien qui en fit un traité complet (1), que Cicéron regardait comme l'ouvrage classique par excellence sur la matière. Il paraît certain qu'il ne s'y était pas borné à parler des procédés purement et anciennement grecs, comme Philochore dans son traité antérieur (2), mais qu'il y avait compris les méthodes des peuples étrangers. Dès lors, il est difficile de ne pas attacher une certaine importance au fait que cet écrivain était né à Séleucie en Babylonie, ce qui avait dû lui permettre d'avoir dès son enfance des notions plus étendues que les Grecs n'en avaient d'ordinaire sur la divination chaldéenne, ses procédés et ses principes. Sous les Séleucides, des rapports beaucoup plus intimes que l'on ne croit s'étaient établis entre la population babylonienne et les

---

(1) Cicer. *De divinat.* I, 3; II, 43.
(2) Clem. Alex. *Stromat.* I, p. 334, ed. Sylburg; Athen. XIV, p. 648.

colons grecs établis au milieu d'elle. Nous en avons la preuve par les précieux contrats d'Orchoé, en écriture cunéiforme, que possède le Musée Britannique (1) et où, parmi les témoins, nous voyons des gens à noms purement babyloniens, fils de Grecs (par exemple un Anou-akh-iddin, fils d'Antipater). Il y avait eu alors un échange considérable d'idées entre les deux peuples, et surtout adoption d'une partie des doctrines et de la science des écoles chaldéennes par un certain nombre de Grecs, tout au moins quelque chose d'analogue à l'influence que ces écoles exercèrent sur les Juifs de Babylone. De là naquit une littérature gréco-babylonienne, dont nous n'avons plus que de rares fragments et dont la plupart des auteurs ne nous sont connus que par leurs noms, littérature dont Bérose est le premier et le plus illustre représentant, et dont les livres ont été composés par des hommes d'origine chaldéenne, comme Cidénas, Naburianus et Sudinas (2), par des gens que l'on qualifie de Parthes, comme l'Inpsada ou Inpsanda de Pline (3), le Yanbouschad de

---

(1) *Photographs from the British museum, by S. Thompson*, assyrian series, nᵒˢ 564 et 565.
(2) Strab. XVI, p. 739.
(3) *Hist. nat.* VI, 27, 31.

l'*Agriculture nabatéenne* (1), et par des Grecs, comme Teucer de Babylone, le Tenkelouscha du même ouvrage (2), et Séleucus de Séleucie (3). L'histoire de cette littérature gréco-babylonienne est encore à faire, et elle constituera sans contredit l'un des plus curieux chapitres des rapports de l'hellénisme avec les civilisations orientales; espérons qu'elle attirera bientôt les efforts de quelque érudit. Diogène le Babylonien, venu de bonne heure à Athènes et élève de Chrysippe, devait être plus purement grec que les écrivains que nous venons de nommer; mais, étant donnée son origine, une certaine influence de l'école gréco-babylonienne sur lui est très-admissible.

En tout cas, et pour en revenir aux Chaldéens, il est probable, ainsi que je l'ai déjà dit, qu'avant de codifier en un système d'interprétation fixe leur science des prodiges, ils commencèrent pendant un assez long temps à recueillir les observations de ce genre, avec les coïncidences que le hasard faisait naître

---

(1) Voy. mon *Essai sur la propagation de l'alphabet phénicien*, t. II, p. 91.

(2) Saumaise, *De annis climactericis et antiqua astrologia*, præf.; Renan, *Mém. de l'Acad. des inscr.* nouv. sér. t. XXIV, 1re part., p. 186 et suiv.

(3) Strab. XVI, p. 739.

entre les faits prodigieux et les événements (1). C'est par là aussi qu'ils débutèrent dans la carrière de l'astrologie, qui n'établit ses prétendues règles qu'après une suite prolongée d'observations. Avant d'avoir des livres tels que celui dont on a retrouvé les fragments à Ninive, ils durent posséder des recueils du genre de celui de Julius Obsequens; et il est dans la vraisemblance qu'ils en gardèrent jusqu'à la fin, de même que pour l'astrologie, à côté des ouvrages théoriques comme celui qu'avait fait compiler Sargon Ier, où toutes les apparences célestes et toutes les positions des astres prévues par le calcul, rangées en chapitres méthodiques, avaient leur explication donnée à l'avance, on avait formé — car un certain nombre de fragments en sont parvenus jusqu'à nous (2) — des recueils disposés sur un plan chronologique, où tous les événements marquants de tel et tel règne étaient enregistrés, année par année, avec la mention détaillée des augures du ciel et des astres qui les avaient accompagnés. Pour l'ex-

(1) Voy. Sayce, *Transact. of the Soc. of Bibl. Archæol.* t. III, p. 146 et suiv.

(2) W. A. I. IV, 34 : augures qui précédèrent tous les principaux faits du règne de Sargon Ier et de son fils Naram-Sin.

plication des prodiges comme pour l'étude des pronostics célestes, ce furent certainement les tables chronologiques d'observations qui fournirent les éléments fondamentaux des tables théoriques de prévisions, que l'on consultait au fur et à mesure qu'un phénomène se produisait. Mais n'a-t-on pas, dans le travail de formation de ces tables théoriques, essayé de combler les lacunes des observations, en imaginant des cas qui n'avaient point été réllement constatés et en leur assignant une explication d'après l'analogie, ou d'après certaines idées préconçues qui nous échappent? Pour répondre à cette question, il serait à désirer que quelqu'un des naturalistes qui ont fait de la tératologie une étude spéciale voulût bien soumettre à un examen attentif les monstruosités énumérées dans ce qui subsiste des tables chaldéennes de prodiges, afin de décider si tous ces cas ont pu être observés, et si ceux qui paraissent le plus invraisemblables, comme la naissance d'un animal d'autre espèce que la mère, peuvent devoir leur origine à des faits vrais, mais défigurés par une imagination crédule et superstitieuse.

Les légendes mythologiques, acceptées comme réelles, ont dû fournir aussi certains prodiges à ces tables, particulièrement à celle qui se rapporte aux accouchements extraordinaires des reines. Le cas d' « une princesse enfantant un serpent » semble y provenir de récits de cette espèce. On avait ainsi des tables des augures célestes, et sans doute également des présages terrestres, des règnes mythiques par lesquels commençaient les annales de la Chaldée, avant et après le Déluge. M. Smith (1) a retrouvé les fragments d'un document où étaient énumérés ceux du règne d'Izdhubar, le héros de la grande épopée en douze chants où s'introduit comme épisode le récit du cataclysme. C'est grâce à ces deux documents fabuleux que l'astrologie babylonienne prétendait faire remonter ses observations à une si prodigieuse antiquité.

(1) *Transact. of the Soc. of Bibl. Archæol.* t. III, p. 364.

CHAPITRE VIII

LES SONGES ET LEUR INTERPRÉTATION.

Diodore de Sicile dit que les Chaldéens expliquaient les songes comme les prodiges dans un sens prophétique. Cette interprétation des rêves nocturnes était chez eux soumise à des lois régulières, et faisait partie de la science des présages terrestres. Les pronostics des songes étaient compris parmi ceux dont traitait l'ouvrage antique auquel nous venons de faire des emprunts, d'après la copie qu'Assourbanipal en avait déposée dans sa bibliothèque de Ninive. Plusieurs des tablettes de cet ouvrage offraient de longues énumérations de songes plus ou moins bizarres, avec l'indication des événements que ces visions annonçaient. Un seul fragment de ce genre a été jusqu'à présent publié (1). J'en extrais quelques hypothèses :

Si un homme en songe :
voit un mâle...
voit un corps de chien...
voit un corps d'ours avec les pieds d'un autre animal (2)...
voit la partie antérieure (?) d'un ours avec les pieds d'un autre animal (3)...
voit un corps de chien avec les pieds d'un autre animal (4)...
. . . .
voit le dieu *Nin-kistu* (5) frapper de mort...
voit des ourques mortes...
. . . .
voit un homme pisser sur lui...

La tablette suppose aussi qu'on s'est vu en butte au même accident de la part d'une femme, d'un chien ou d'un ours. J'en demande pardon au lecteur, mais l'imagination des devins de la Chaldée n'était pas toujours digne de l'hôtel de Rambouillet. Souvenons-nous, d'ailleurs, de la narration d'Héro-

---

(1) W. A. I. III, 56, 2.
(2) Le nom de cet animal est malheureusement détruit.
(3) Même observation.
(4) Même observation.
(5) Cette appellation paraît être un surnom de Nergal.

dote (1) et de Nicolas de Damas (2) sur le songe où Astyage vit sa fille Mandane inonder l'Asie, présage des conquêtes futures de Cyrus.

Une fracture de la tablette a malheureusement fait disparaître les prédictions qui s'appliquaient à chacun des rêves que je viens de citer. Mais tous étaient évidemment du plus mauvais augure, car leur énumération est suivie d'une prière au Soleil, le grand dissipateur des songes funestes, pour lui demander de détourner les présages d'aussi sinistres visions. On pourrait faire ici des comparaisons curieuses avec les superstitions de peuples bien différents et bien éloignés. Ainsi, dans la partie de la France où j'écris ces pages, les paysans croient voir, dans les nuits qui s'étendent de Noël à l'Épiphanie, passer dans les airs la chasse du roi Hérode, et si, par hasard, un des chiens de la meute s'approche de vous dans la même intention que le chien des rêves de notre tablette cunéiforme, c'est un signe infaillible que vous mourrez dans l'année.

Dans le traité en quatorze chapitres sur les présages terrestres, dont nous avons cité plus haut la

---

(1) I, 107.
(2) C. Müller, *Fragm. histor. græc.* t. III, p. 399.

table des matières, il y en avait un qui était certainement consacré à l'interprétation des rêves, celui qui commençait :

Un songe de grande lumière, le pays en feu ; un songe de grande lumière, la ville en flammes.

Il y a des probabilités pour rapporter également aux visions du rêve le chapitre suivant, qui commençait :

Une ourque avec les oiseaux du ciel...

A Babylone, au rapport d'Iamblique (1), les femmes allaient dormir dans le temple d'Aphrodite, c'est-à-dire de Zarpanit, pour avoir des rêves qu'on enregistrait ensuite et dont les devins tiraient des prédictions sur leur avenir. C'est le rite de l'*incubation*, qui était pratiqué dans beaucoup de sanctuaires de la Grèce et de l'Égypte (2).

En Assyrie, et probablement aussi en Chaldée, — car dans toutes ces choses les Assyriens n'étaient que des disciples et des imitateurs des Chaldéens, —

---

(1) *Babylon. ap.* Phot. *Biblioth.* cod. 94, p. 75, ed. Bekker.
(2) Voy. Maury, *Histoire des religions de la Grèce*, t. II, p. 452-460 ; *La Magie et l'Astrologie*, p. 231-241.

il y avait, résulte-t-il du témoignage de certains textes, des voyants (*sabru*) qui avaient le privilége spécial d'être favorisés par les dieux de songes prophétiques. Sans doute, comme les voyants et les devins d'une infinité d'autres peuples, même les plus sauvages, ils les provoquaient à l'aide de moyens artificiels, breuvages narcotiques ou fumigations enivrantes (1).

Dans l'épopée, Izdhubar est accompagné constamment de son voyant Êa-bani (2), qu'il a délivré du pouvoir du monstre Boul, qui le tenait captif (3), et celui-ci lui explique ses songes, que le poëte semble multiplier avec complaisance. Êa-bani est ensuite tué par le Tamboukkou, un autre monstre ; et Izdhubar se désole d'avoir perdu cet infaillible conseil (4). C'est alors que les dieux lui envoient encore un songe, sur l'avis duquel il part pour aller consulter Khasis-atra, le Xisuthrus de Bérose, et lui demander le secret qui guérira sa maladie.

Des voyants ou des voyantes de ce genre paraissent avoir été régulièrement attachés à certains

---

(1) Voy. Maury, *La Magie et l'Astrologie*, p. 423-429.
(2) G. Smith, *Assyrian discoveries*, p. 166.
(3) *Ibid.* p. 170.
(4) *Ibid.* p. 177.

temples. Hérodote (1) parle ainsi de la pyramide à étages de Borsippa :

« Dans la tour supérieure il y a une chapelle, dans cette chapelle un grand lit bien garni, et près de ce lit une table d'or. On n'y voit point de statue, et personne n'y passe la nuit, si ce n'est une femme du pays que le dieu choisit entre toutes, à ce que rapportent les Chaldéens, qui sont les prêtres du dieu. Ceux-ci racontent, ce qui me semble peu croyable, que le dieu lui-même vient dans le temple et repose sur son lit. Pourtant à Thèbes d'Égypte la même chose a lieu, suivant le dire des Égyptiens; là aussi dort l'épouse du Jupiter thébain (Ammon). Toutes les deux femmes, on le prétend, ne se donnent jamais à aucun homme. C'est comme la prophétesse du dieu à Patara en Lycie, quand il y en a, car l'oracle n'y est pas en permanence. Alors, on l'enferme seule avec le dieu dans le sanctuaire.

L'exactitude des renseignements d'Hérodote est confirmée par un cylindre du Cabinet de France, où l'on voit un « dieu assis sur un thalamus que supporte une pyramide à degrés. Une femme en adoration lui amène une jeune fille, la tête et le sein nus, à laquelle il offre une fleur (2). » Mon père y a reconnu avec raison la scène décrite par l'historien

---

(1) I, 181.
(2) Chabouillet, *Catalogue général des camées et pierres gravées de la Bibliothèque Impériale*, p. 118, n° 374.

d'Halicarnasse. Le même sujet, avec quelques variantes, se retrouve sur un certain nombre d'autres cylindres (1); mais il n'est pas absolument nécessaire d'admettre qu'ils se rapportent tous au sanctuaire de Borsippa, car le même usage devait exister dans d'autres temples de la Chaldée. En tout cas, il remontait certainement à l'antiquité la plus reculée, car c'est ce sujet que nous voyons déjà gravé sur le cylindre au nom du roi Likbagas, publié par Ker-Porter (2).

La porte de la chapelle supérieure de la pyramide de Borsippa, consacrée à Nébo, le dieu dont le nom même signifie « prophète », portait le nom de *bab assaput*, « la porte de l'oracle » (3). Il y avait donc un oracle dans cette chapelle, et bien certainement, ainsi que l'a déjà reconnu avant nous M. Maury, les réponses de cet oracle étaient données à ceux qui venaient le consulter par la femme hiérodule qui était censée y partager la couche du dieu et données par elle comme reçues dans son sommeil; car c'est pour

---

(1) Cullimore, *Oriental cylinders*, n⁰ˢ 71, 76 et 109; Lajard, *Culte de Mithra*, pl. XXVII, n⁰ 18, et pl. LIV, n⁰ 4.
(2) *Travels in Georgia, Persia*, etc., t. II, pl. 79, n⁰ 6.
(3) Inscr. de la Compagnie des Indes, col. 3, l. 46 : W. A. I. i, 54.

cela qu'Hérodote compare la hiérodule en question à la prophétesse de Patara, qui parlait de la même manière au nom d'Apollon.

Les inscriptions signalent aussi une « demeure ou chambre de l'oracle », *bit assaput*, dans la pyramide de la Cité royale de Babylone (1) ; mais on ne sait si l'oracle y était de même nature. Il semble, du reste, que cette « chambre de l'oracle » était la même pièce que l'on désignait aussi comme la chambre sépulcrale de Bel-Mardouk (2), ce qui favoriserait l'idée qu'elle était le théâtre d'un rite d'incubation, car on allait dormir auprès des tombeaux pour y avoir des songes prophétiques (3). En tout cas, cet oracle de Bélus ou Bel-Mardouk, ayant son siège à la pyramide de Babylone, joue un rôle important dans les récits de la mort d'Alexandre. C'est au nom de l'oracle que les Chaldéens essayèrent de détourner le héros macédonien d'entrer dans la ville à un certain moment

---

(1) Même inscription, col. 2, l. 43, et col. 3, l. 24 : W. A. I. i, 54. — Inscr. de Borsippa, col. 1, l. 17 : W. A. I. i, 51, 1.

(2) Strab. XVI, p. 738 ; Ctes. *Persic.* 2, ed. Bæhr ; Ælian. *Var. hist.* XIV, 3 ; voy. Oppert, *Etudes assyriennes*, p. 63-66.

(3) Is. LXV, 4.

et par un certain côté (1) ; mais il ne voulut pas les écouter, leur attribuant des vues intéressées (2).

Les Assyriens croyaient si fermement au caractère fatidique des visions du rêve, et les tenaient si bien pour des avertissements des dieux, qu'ils leur donnaient place dans l'histoire, à côté des événements qu'on regardait comme annoncés par elles. A ce point de vue, rien n'est plus curieux que les annales du règne d'Assourbanipal, gravées à plusieurs exemplaires sur les prismes de terre cuite que ce prince avait déposés dans les fondations du palais qu'il se construisait à Ninive. Nous y trouvons un récit de songe qui, pour être dans une inscription historique officielle, ne m'en paraît pas moins aussi grandiose et aussi littérairement beau que celui d'aucune épopée ou d'aucune tragédie classique.

Les annales viennent de raconter avec la sécheresse d'un protocole comment Te-Oumman, roi d'Élam, ayant demandé à Assourbanipal l'extradition de princes de sa famille qui s'étaient réfugiés en Assyrie, et qu'il soupçonnait de conspirer contre lui, et le monarque ninivite ayant refusé de les

---

(1) Arrian. *Anabas.* VII, 16, 5 et 22, 1 ; Plutarch. *Alex.* 73.

(2) Arrian. VII, 17, 1.

livrer, Te-Oumman déclara la guerre à ce dernier, sans s'effrayer du présage d'une grande éclipse de soleil :

Au mois d'ab, le mois de la constellation brillante de l'Archère (1), dans la fête de la reine vénérée, la fille de Bel, j'étais à Arbèles, la ville favorite de son cœur, pour la grande cérémonie de son culte. Alors (eut lieu) l'invasion des hommes d'Élam, qui marchaient contre la volonté des dieux, et ils répétaient ce propos :

« Te-Oumman a lancé une parole de défi à Istar. »

Ils répétaient la teneur de ses paroles : « Je ne m'arrêterai pas jusqu'à ce que je sois venu à livrer bataille avec lui. »

Sur cette menace prononcée par Te-Oumman, je m'adressai à la sublime Istar ; j'entrai en sa présence, je me prosternai devant elle, et je suppliai sa divinité de venir et de me sauver, en ces termes :

« Dame d'Arbèles, je suis Assourbanipal, roi d'Assyrie, qu'ont créé tes mains [et celles] du père qui t'a engendrée, pour restaurer les temples de l'Assyrie, et compléter la magnificence des saintes cités d'Accad. J'ai rétabli tes sanctuaires, et je marche dans ton adoration. Et lui, Te-Oumman, roi d'Élam, sans avoir jamais honoré les dieux, [marche] contre moi.

« O toi, souveraine des souveraines, terreur des batailles, dame des combats, reine des dieux, qui, dans la

---

(1) Istar, armée de l'arc comme déesse guerrière, qui était la Vierge du zodiaque chaldéo-babylonien ; voy. mes *Premières Civilisations*, t. II, p. 73.

présence d'Assur, le père qui t'a créée, as toujours parlé en ma faveur, pour me rendre propice le cœur d'Assur, et me concilier grandement Mardouk ! Voici que Te-Oumman, roi d'Élam, qui a [péché] contre Assur, [le roi des dieux,] le père qui t'a créée, et a [méprisé] la divinité de Mardouk, ton frère sublime, tandis que moi, Assourbanipal, je [m'étudiais] à réjouir le cœur d'Assur et de [Mardouk], a rassemblé ses soldats, préparé ses batailles, et mis ses armes en mouvement pour attaquer l'Assyrie. O toi, l'archère des dieux, pesant de tout ton poids au milieu de la bataille, abats-le et écrase-le !... »

Istar écouta ma prière. « Ne crains pas, » répondit-elle, et elle répandit la joie dans mon cœur. « Conformément à la prière que tu as faite en élevant tes mains, tes yeux contempleront le jugement. Je te gratifie de ma miséricorde. »

Dans la nuit même après que je l'eus invoquée, un voyant dormait, et il eut un songe prophétique. Au milieu de la nuit, Istar lui apparut, et il me le rapporta en ces termes :

« Istar, qui habite Arbèles, est entrée devant moi. A droite et à gauche, elle était entourée d'une auréole flamboyante ; elle portait un arc dans sa main, et elle était montée sur son char, comme pour livrer bataille. Tu te tenais en sa présence. Elle compatissait à toi, comme une mère à son enfant. Elle te souriait, elle, Istar, la plus élevée entre les dieux, et elle établit pour toi ses décrets en ces termes :

« Va en avant pour faire du butin, l'espace est ouvert de-
« vant toi, je marcherai, moi aussi. »

« Tu lui dis : « Souveraine des souveraines, en quel-
« que lieu que tu ailles, puissé-je y aller avec toi ! »

« Elle te répondit : « Je te protégerai. Demeure dans le
« lieu consacré à Nébo; mange (en paix) ta nourriture,
« bois le vin, fais jouer ta musique et glorifie ma divinité,
« jusqu'à ce que je vienne, et que cette prophétie soit ac-
« complie. Je réaliserai le désir de ton cœur. Ta face ne
« pâlira pas, tes pieds ne trébucheront pas, tu ne terniras
« pas ton honneur au milieu de la bataille. »

« Dans la grâce de sa bienveillance, elle te protége, et
elle est en fureur contre tous ceux qui ne se soumettent
pas à toi. Devant elle se répand un feu terrible pour vain-
cre tes ennemis [et les précipiter] les uns sur les autres.
Elle se tourne contre Te-Oumman, roi d'Élam, qui est
odieux à sa face. »

Au mois d'ouloul (1), à la fête du suprême Assur, dans
le mois de Sin, illuminateur du ciel et de la terre, je me

---

(1) On remarquera que si Assourbanipal a attendu un
mois entier, c'est que précisément, d'après le calendrier
que nous avons rapporté plus haut (p. 40), ab était un
des mois tenus pour funestes et ouloul un de ceux regardés comme favorables pour mettre une armée en campagne. Nous avons là un exemple intéressant de l'application des observations du temps et des mois (Job, III, 6;
Is. XLVII, 13) dans les événements politiques. Mais il est
aussi curieux de noter que les règles de cette matière
subirent des changements considérables avec le cours du
temps. Ainsi nous voyons Assournazirpal et son fils Sal-
manassar commencer des campagnes non-seulement dans
des mois qui d'après le calendrier sont favorables, comme
sivan et douz, ou douteux, comme tasrit, mais aussi dans
des mois que ce calendrier note funestes, aïr et ab, ce
que ne fait jamais Assourbanipal. Sargon lui-même
entre une fois en campagne dans le mois d'aïr.

confiai à la puissance du brillant Sin et à l'annonce d'Istar, ma souveraine, qui ne change jamais ; je rassemblai mes hommes de guerre, les vaillants qui se rangent en bataille au commandement d'Assur, de Sin et d'Istar. Je pris ma route contre Te-Oumman, roi d'Élam, et je dirigeai la marche (1).

La vision qui encouragea le prince au début de cette guerre méritait bien d'être relatée dans ses annales, car la victoire qui suivit fut une des plus éclatantes que jamais roi d'Assyrie ait remportée en bataille rangée. L'armée des Élamites, acculée à une forêt sur les bords de l'Oulaï (l'Eulæus des géographes classiques), fut taillée en pièces, Te-Oumman lui-même fait prisonnier et décapité sur le champ de bataille.

Les annales d'Assourbanipal contiennent encore d'autres récits de vision nocturne. C'est d'abord le songe de Gygès, roi de Lydie, qui décida ce prince à se déclarer le vassal du monarque assyrien. J'en traduirai la rédaction la plus complète (2) :

Gygès (*Gugu*), roi de Lydie, une province située sur le

(1) W. A. I. III, 32, 1. 16-83. — Smith, *History of Assurbanipal*, p. 119-137.
(2) Le texte dans Smith, *History of Assurbanipal*, p. 73-75.

bord de la mer, un lieu lointain, dont les rois mes prédécesseurs et mes pères n'avaient pas entendu prononcer le nom, reçut dans un songe du dieu Assur, le dieu qui m'a créé, la révélation de ma glorieuse royauté en ces termes ;

« Prends le joug d'Assourbanipal, roi d'Assyrie, chéri d'Assur, le roi des dieux, le seigneur de l'univers ; rends hommage à sa royauté, et soumets-toi à sa domination. En te déclarant son serviteur, et en lui offrant un tribut, fais parvenir jusqu'à lui tes paroles. »

Le jour même, après avoir vu ce songe, il envoya son ambassadeur en ma présence pour implorer mon amitié. Il lui fit conduire à Ninive, la ville de ma seigneurie, avec de nombreux et remarquables présents, des Cimmériens (*Gimirraï*), dévastateurs de son pays, que ses mains avaient pris vivants dans les combats, et baiser mes pieds.

La vision de Gygès et l'ambassade qui en fut la conséquence sont relatées dans plusieurs autres documents officiels et contemporains sur l'histoire du règne d'Assourbanipal (1). Un de ces documents dit formellement que l'envoyé lydien était chargé de raconter le songe au roi d'Assyrie, et que c'est ainsi qu'il fut connu (2); un autre décrit l'embarras où l'on fut à la cour de Ninive quand il s'agit de com-

---

(1) W. A. I. III, 30, l. 89-97 ; Smith, p. 71.
(2) W. A. I. III, 19, l. 5-23 ; Smith, p. 64-66.

prendre l'ambassadeur, car on n'y avait pas d'interprète pour la langue lydienne (1).

Un peu plus loin, quand le roi a raconté la révolte de son frère Samoulsoumoukin, prince vassal de Babylone, il ajoute :

En ces jours, un voyant au milieu de la nuit dormait, et il vit un songe. « Voilà ce que prépare le dieu Sin à ceux qui complotent le mal contre Assourbanipal, roi d'Assyrie : la bataille est préparée, une mort mauvaise les attend ; avec la pointe de l'épée, la flamme du feu, la famine et le jugement de Nergal (le dieu de la guerre et de la destruction), je détruirai leurs vies. » J'entendis ces paroles et je me confiai à la volonté du dieu Sin, mon seigneur (2).

Enfin, dans le récit de sa deuxième guerre contre Oummanaldas, roi d'Elam, il s'exprime ainsi :

Mon armée vit le fleuve Itite dans sa plus haute crue, et elle prit peur du passage. Mais Istar, qui habite Arbèles, au milieu de la nuit, envoya un songe à mon armée, et leur parla en ces termes : « Moi, je marche devant Assourbanipal, le roi que mes mains ont formé. » Mon armée se réjouit de cette vision, et ils franchirent paisiblement l'Itite (3).

(1) Smith, p. 77.
(2) *Ibid.* p. 156 et suiv.
(3) *Ibid.* p. 222 et suiv.

Tous les peuples ont cru aux rêves et y ont cherché une signification prophétique. Mais il est curieux de noter que le premier auquel on fasse l'honneur d'une mention monumentale appartienne précisément à la Mésopotamie, à la sphère d'influence directe de la civilisation chaldéo-babylonienne. C'est le songe du prince de Bakhten qui, d'après le récit de la stèle hiéroglyphique de Ramsès XII conservée à la Bibliothèque Nationale de Paris, ne se décide à renvoyer à Thèbes l'arche du dieu Khons, qu'il détient depuis plusieurs années, qu'après avoir vu pendant son sommeil le dieu s'envoler vers l'Egypte sous la forme d'un épervier d'or.

Il y a plus; pendant toute la période historique qui va du huitième au sixième siècle avant Jésus-Christ, la superstition des songes, aussi vieille que l'humanité, prend tout à coup un développement jusqu'alors inouï et qui ne se renouvelle plus après. Dans toute l'Asie antérieure et en Égypte, elle exerce sur les événements politiques une influence qui paraîtrait incroyable, si elle n'était pas attestée par des documents contemporains, par des inscriptions officielles et non par des légendes de date postérieure. C'est un songe — nous venons de le voir — qui encourage Assourbanipal dans sa guerre contre

Te-Oumman et lui promet la victoire ; c'en sont aussi qui encouragent lui et ses soldats dans d'autres circonstances. C'est un songe qui détermine Gygès à rendre hommage au roi d'Assyrie. Un autre songe annonce à Crésus la mort de son fils Atys (1). Astyage a deux visions successives qui lui prédisent la grandeur extraordinaire de l'enfant qui naîtra de sa fille Mandane (2). La royauté future de Darius fils d'Hystaspe est aussi montrée dans un rêve à Cyrus (3). L'Éthiopien Sabacon, après un règne prospère, se décide à évacuer l'Égypte à la suite d'un songe qui lui rappelle l'oracle que l'Ammon de Napata avait rendu au moment de son avènement au trône (4). Le roi tanite Séti est engagé à tenir résolûment tête à Sennachérib par une vision nocturne, où Phtah de Memphis lui apparaît et lui annonce la destruction miraculeuse de l'armée assyrienne ; il élève une statue

(1) Herodot. I, 34.
(2) *Ibid.* I, 107 et 108.
(3) *Ibid.* I, 209.
(4) *Ibid.* II, 139 ; Diod. Sic. I, 65.
Les écrivains grecs nomment ici Sabacon, mais il est plus probable qu'en réalité le fait se rapporte à Taharqa ; voy. Maspéro, *Histoire ancienne des peuples de l'Orient*, p. 429.

commémorative de ce prodige (1). Le prince éthiopien Ta-nout-Amen, qui fut après Taharqa l'antagoniste d'Assourbanipal, raconte dans une grande stèle qui, découverte au Gebel-Barkal, est aujourd'hui conservée au musée de Boulaq (2), comment c'est un rêve qui lui prédit sa puissance prochaine et le décida à aller chercher la couronne à Napata, puis à entreprendre la conquête de l'Égypte :

L'année de son élévation en qualité de roi très-gracieux, le roi vit en songe, pendant la nuit, deux serpents, l'un à sa gauche, l'autre à sa droite (3). A son réveil, il ne les trouva plus. Il dit : « Qu'on m'explique cela sur-le-champ. » Or on lui répondit par ces paroles : « Tu possèdes le pays du Midi, soumets les pays du Nord : que les diadèmes des deux régions brillent sur ta tête, afin que tu aies tout le pays dans sa longueur et dans sa largeur... avec toi. »

Cette année-là même, Sa Majesté, s'étant levée sur le trône d'Horus, se manifesta dans le lieu où elle se trouvait, comme se manifeste Horus dans le bas pays... Sa Majesté dit : « C'est la vérité que ce songe... » Le roi alla à Napata, sans que personne s'opposât à sa marche. Il entra dans le temple d'Ammon de Napata, qui réside sur

(1) Herodot. II, 141.
(2) Mariette, *Revue archéologique*, nouv. sér. t. XII, p. 169 ; *Catalogue du musée de Boulaq*, n° 918 ; Maspéro, *Revue archéologique*, nouv. sér. t. XVII, p. 329-339.
(3) Le serpent uræus était l'emblème de la royauté.

la montagne sainte, et son cœur fut rempli de joie après qu'il eut vu son père Ammon-Ra, seigneur des trônes des deux mondes, qui réside sur la montagne sainte, et qu'on lui eut apporté les fleurs *ankh* de ce dieu. Voici que le roi, ayant exalté Ammon de Napata, lui fit de grandes offrandes, et lui présenta trente-sept bœufs, quarante vases de liqueurs *hak* et de liqueur *asch*, et cent plumes d'autruche.

Le roi, étant parti pour les pays du Nord, adora plus que tous les autres dieux le dieu dont le nom est caché. Le roi, s'étant approché d'Éléphantine, traversa le Nil pour se rendre à Éléphantine. Arrivé au temple de Noum, seigneur de Kebht, il se tint dans la posture de l'adoration devant ce dieu, fit de grandes oblations, offrit du pain et du *hak* aux dieux de la cataracte, et fit des offrandes au Nil dans sa chute.

Le roi, étant parti pour Khefthinebs de Thébaïde, la ville d'Ammon, arriva jusque dans la ville de Thèbes. Comme il entrait dans le temple d'Ammon-Ra, le seigneur du trône des deux mondes, le prophète (1) Sentour vint au-devant de lui avec les quatre prêtres de service du temple d'Ammon-Ra, seigneur du trône des deux mondes. Ils lui apportaient les fleurs *ankh* du dieu dont le nom est caché. Sa Majesté, son cœur fut dans l'allégresse après qu'elle eut vu ce temple. Après avoir exalté Ammon-Ra, seigneur du trône des deux mondes, elle institua de grandes panégyries dans tout le pays. Comme le roi partait pour le pays du Nord, l'Est et l'Ouest se réjouissaient d'une grande joie. Ils disaient : « Va en paix ; que ton essence soit en paix ; que ton

---

(1) Titre sacerdotal égyptien.

essence vivifie les deux mondes. Va, pour relever les temples qui tombent en ruine, pour rétablir les éperviers divins et leurs emblèmes, pour faire des offrandes divines aux dieux et aux déesses et des offrandes funéraires aux mânes, pour purifier chaque homme en sa demeure, pour accomplir toutes les cérémonies en l'honneur du cycle divin. » Les sentiments hostiles qui remplissaient leurs cœurs firent place à des sentiments de joie (1).

A la même époque, Isaïe (2), parlant au nom de Jéhovah, disait :

J'exciterai l'Égyptien contre l'Égyptien ; l'homme combattra contre son frère, l'ami contre son ami, ville contre ville, royaume contre royaume.

L'esprit de l'Égypte s'évanouira de son sein, j'anéantirai son conseil ; elle s'adressera aux idoles, aux devins, aux interprètes de songes et aux magiciens.

L'auteur des derniers chapitres placés sous le nom du même prophète (3) reproche aux Juifs, comme un acte d'idolâtrie, l'habitude d'aller dormir auprès

---

(1) J'emprunte l'excellente traduction de M. Maspéro. Cette longue citation mettra le lecteur à même de comparer la rédaction des documents égyptiens et des documents assyriens. Au point de vue littéraire, je trouve une vraie supériorité dans ceux de l'Assyrie.
(2) XIX, 3 et 4.
(3) LXV, 4,

des tombeaux pour y chercher des songes prophétiques (1).

Jérémie (2) dit à son tour au nom de Dieu :

Quant à vous, n'écoutez pas vos prophètes, vos devins, vos visionnaires de songes, vos observateurs de nuages, ni vos incantateurs, lesquels vous disent : « Vous ne serez point assujettis au roi de Babylone. »

Car c'est le mensonge qu'ils vous prophétisent, afin de vous éloigner de votre pays, pour que je vous repousse et que vous périssiez.

Et dans un autre endroit (3) :

Je suis contre ceux qui prophétisent des songes faux (4), dit Jéhovah, qui les racontent, séduisant le peuple par leur fausseté et leur fanfaronnade, tandis que je ne les ai pas envoyés, que je ne leur ai pas donné l'ordre et qu'ils ne sont d'aucune utilité à ce peuple, dit Jéhovah.

---

(1) Hérodote (IV, 172) et Pomponius Méla (I, 8, 50) attribuent un usage semblable aux Nasamons de la côte de Libye.
(2) XXVII, 9 et 10.
(3) XXIII, 32.
(4) On admettait des songes réellement prophétiques envoyés par Jéhovah : Num. XII, 6 ; I Sam. XXVIII, 6 ; I Reg. III, 5 ; Job, IV, 13 ; VII, 14 ; XXXIII, 15 ; Joël, II, 28.
Ce sont les songes produits au nom de divinités étrangères et leurs interprétations par les méthodes des idolâtres que défend la Loi : Deuteron. XIII, 2-12. Dans ce cas, l'explicateur de songes doit être lapidé.

Un peu plus tard, Zacharie (1) :

Car les *téraphim* (idoles) ont dit des choses vaines ; les devins voient le mensonge ; ceux qui ont des songes profèrent des faussetés, consolent avec des inanités ; c'est pourquoi ils ont erré comme un troupeau, ils sont opprimés parce qu'il n'y a pas de pasteur.

Il y a là comme une sorte d'épidémie mentale, propre à cette période de l'histoire, et qui sévit des rives de l'Euphrate à celles du Nil ou à l'extrémité occidentale de l'Asie Mineure. Ce développement extraordinaire de la superstition de la croyance aux songes et de son influence sur la conduite des princes et des peuples, pendant environ trois siècles, est un véritable phénomène auquel on n'a pas assez fait attention jusqu'ici, mais auquel il faut bien chercher une cause. Or, les trois siècles où il se produit sont précisément ceux des grandes conquêtes assyriennes, puis babyloniennes, ceux où, grâce à ces conquêtes, la civilisation, les idées, les arts et la religion de l'Assyrie rayonnent sur toute l'Asie antérieure avec un ascendant irrésistible et font même pénétrer leur influence jusqu'en Égypte. Il est difficile de ne pas lier les deux ordres de faits,

(1) x, 2.

de ne pas établir entre eux un rapport de cause à effet, et de ne pas croire, par conséquent, que si les songes jouent un si grand rôle dans l'histoire depuis le commencement du viii° siècle jusqu'à la fin du vi°, c'est un résultat de la diffusion et de la prépondérance partout assurée aux doctrines de la divination chaldéenne, dont les Assyriens étaient les disciples.

CHAPITRE IX

LES PYTHONS ET LA NÉCYOMANCIE.

La dernière tablette de l'épopée d'Izdhubar jette de précieuses lumières sur les idées chaldéo-babyloniennes relativement à l'autre vie. Nous ne la connaissons encore que par l'analyse fort abrégée qu'en a donnée M. Smith (1); mais on peut se fier à l'exactitude de ce savant et à la manière dont il a saisi le sens général du texte. Quand celui-ci sera publié, l'on y relèvera encore bien des détails importants, où nous aurons beaucoup à apprendre, mais dès à présent on peut tenir pour acquise la donnée générale du récit et la croyance qui en ressort.

Êabani, le voyant d'Izdhubar et le compagnon de

(1) *Assyrian discoveries,* p. 219.

la plupart de ses exploits, est mort, tué par le Tamboukkou, avant le voyage où le héros va demander à Khasisatra (Xisuthrus) la guérison de sa maladie et le secret de l'immortalité qu'il a su acquérir. Revenu de ce voyage lointain dans Erech, Izdhubar adresse aux dieux des lamentations sur la perte de son ami, et les implore pour obtenir qu'au lieu de rester dans l'Hadès, dans la sombre demeure des morts, il soit transporté dans le ciel, au milieu de la béatitude divine. Mais un seul dieu a le pouvoir de le faire, c'est Êa. Il écoute les prières du héros et charge son fils Mardouk, l'exécuteur de ses volontés, de faire passer le démon (*utukku*) d'Êabani de la région inférieure à celle du ciel; Mardouk a ici, comme on le voit, le rôle médiateur du Silik-moulou-khi accadien, auquel on l'a assimilé; il est le « miséricordieux parmi les dieux, miséricordieux qui relève les morts à la vie, » comme l'appelle un des hymnes de la collection magique (1). Avant de monter au ciel, l'*utukku* d'Êabani revient sur la terre et adresse à son propre cadavre un discours dans lequel il ordonne qu'on lui fasse les funérailles d'un héros.

---

(1) W. A. I. IV, 29, 1.

De ce récit, combiné avec les indications d'autres documents dont j'ai déjà fait usage dans mon volume sur la magie chaldéenne, on peut tirer les conclusions suivantes :

Les Chaldéo-Babyloniens admettaient que dans l'homme un élément immatériel s'unissait au corps, sous les auspices du dieu spécial attaché à lui, son protecteur, son type spirituel, vivant en lui et constituant en réalité une partie de son âme comme le fravaschi des conceptions mazdéennes (1). C'est cet élément immatériel qui survit à la mort et devient un démon, *utukku* (de l'accadien *utuq*) (2). Son destin après le trépas peut être de deux sortes. Quelques âmes privilégiées atteignent, par la faveur des dieux, à une véritable apothéose ; elles sont admises dans le ciel en compagnie des dieux, dans « la région du ciel d'argent, des autels éclatants, où les biens de l'état de bénédiction sont la nourriture, les fêtes heureuses, l'illumination, où l'on atteint la cessation des soucis et des misères (3). » C'est le sort que Khasisatra a obtenu sans passer par la mort, celui

---

(1) *La magie chez les Chaldéens*, p. 182.
(2) Sur le sens de ce mot, voy. *La magie*, p. 23.
(3) W. A. I. III, 66, verso, col. 3, l. 29-36.

auquel les prières d'Izdhubar ont fait élever Éabani après son trépas, celui que l'on implore pour les rois pieux.

Mais cette apothéose n'est réservée qu'à un petit nombre de héros et de rois ; pour le commun des hommes, le sort d'outre-tombe est d'une nature beaucoup plus sombre : séparé du corps, leur démon ou *utukku* descend sous la terre dans le Pays sans retour (1), en accadien *kur nude*, en assyrien *mat la-tayarti*, le « lieu où n'existe plus de sentiment..., où il n'y a pas de bénédiction..., où l'on ne voit pas (2). » Le fragment épique de la Descente d'Istar aux Enfers décrit cette demeure de ténèbres dans des termes saisissants, qui rappellent ceux que la poésie hébraïque emploie pour dépeindre le *schéôl :*

La fille de Sin (Istar) a tourné son esprit — vers la demeure de la décomposition, le siége du Dieu *Irkalla*, — vers la demeure où l'on entre sans sortir, — vers le chemin par où l'on va sans revenir, — vers la demeure où pour celui qui entre la cécité (remplace) la lumière, — où la foule n'a que la poussière pour sa faim, la boue

---

(1) Et non le « Pays immuable », comme je traduisais d'abord. Au reste, sur les autres noms de cette demeure des morts, voy. *La magie*, p. 153.
(2) W. A. I. IV, 24, 2.

pour son aliment, — où l'on ne voit pas la lumière et l'on demeure dans les ténèbres, — où les ombres, comme des oiseaux, se pressent à la voûte, — où sur la porte et ses battants s'amoncelle la poussière (1).

C'est tout à fait la description de Job (2) :

Cesse donc, laisse-moi trêve ! Que je respire un instant,
avant de m'en aller sans retour dans la terre des ténèbres et de l'ombre,
terre d'obscurité noire et d'ombre, de chaos affreux, dont le jour même est semblable à la nuit.

Dans ce Pays sans retour, comme dans le *schéôl* des Hébreux, l'âme persiste, mais privée de sentiment, incapable d'activité, plongée dans les ténèbres ; ce n'est pas l'anéantissement, mais ce n'est pas non plus l'immortalité telle que nous la concevons ; c'est un état intermédiaire, une sorte d'engourdissement et de sommeil. Pourtant, d'après le même récit épique, au fond du Pays sans retour, dans le sanctuaire éternel (*hekal kinu*), est une source des eaux de vie, que gardent avec un soin jaloux les puissances infernales ; un commandement

(1) Dans mon *Choix de textes*, n° 30, recto, l. 3-11.
(2) x, 20-22.

des dieux célestes, et particulièrement de Êa, peut en ouvrir l'accès, et celui qui a bu l'eau de cette fontaine retourne vivant à la lumière, comme Istar après sa captivité. Peut-être doit-elle jouer un rôle dans la résurrection finale, dont Diogène Laërte (1) attribue formellement la croyance aux Chaldéens, mais à laquelle ne fait allusion aucun texte cunéiforme connu jusqu'ici.

Quoi qu'il en soit de ce dernier point, les âmes, les démons des morts enfermés dans le Pays sans retour, ne peuvent pas seulement en être tirés par la puissance de Êa pour être introduits dans le ciel, comme Êabani. Elles peuvent être ramenées sur la terre à l'état de vampires pour tourmenter les vivants. C'est la menace qu'Istar adresse au portier des Enfers :

« Ouvre ta porte, que, moi, j'entre. — Si tu n'ouvres pas ta porte, et si, moi, je ne peux pas entrer, j'assaillirai la porte, je briserai les verrous, — j'assaillirai le seuil, je franchirai les portes ; — je ferai relever les morts pour dévorer les vivants ; — je rendrai les morts (remontés sur la terre) plus nombreux que les vivants (2). »

---

(1) *De vit. philosoph.* prooem.
(2) Dans mon *Choix de textes*, n° 30, recto, l. 15-20.

En effet, nous avons vu, en étudiant les documents magiques (1), combien était universelle la croyance aux vampires (accadien *dimme khab* (2), assyrien *aḫḫaru*), qui sortent de l'enfer comme les fantômes (accadien *dimme*, assyrien *lamastu*) et les spectres (accadien *dimmea*, assyrien *labaṣu*), et qui attaquent les hommes. Ces êtres fantastiques causaient une terreur profonde aux Chaldéo-Babyloniens des temps postérieurs comme aux antiques Accads, et une bonne partie des incantations protectrices sont destinées à défendre de leurs atteintes.

Mais ce n'est pas seulement la colère d'une divinité qui peut faire remonter les démons des morts sur la terre à l'état de vampires, comme dans l'épopée d'Istar. Certains rites et certaines formules incantatoires donnent à l'homme le pouvoir d'évoquer les morts. On possède dans une tablette de la col-

---

(1) *La magie*, p. 35.
(2) Mot à mot « le fantôme qui fait du mal » et qui ne se borne pas à effrayer par son aspect.
J'ai d'abord lu *rapganme khab*, *rapganme* et *rapganmea*; mais depuis j'ai acquis la preuve formelle que, du moins dans les textes accadiens, la combinaison des deux signes *rap-gan* constitue un seul groupe graphique qui doit se lire *dim*, exactement comme celle des deux signes *rap-gam*.

lection magique, et j'ai traduit en partie (1), les formules d'une cérémonie d'évocation de ce genre, qui appartenait peut-être à une liturgie funèbre, destinée à tirer l'âme des tristesses et des ténèbres du Pays sans retour pour la faire parvenir à un sort meilleur. L'évocation des morts est aussi un des rites auxquels s'adonne le sorcier malfaisant, et, par ce rite, il a la puissance de susciter des vampires comme des fantômes contre celui auquel il veut nuire.

Du moment que l'on croyait au pouvoir d'évoquer les morts à volonté, par la voie de certains rites et de certaines paroles, on était naturellement conduit à chercher dans cette pratique un moyen de connaître l'avenir, en interrogeant les démons des trépassés. Les idées que je viens de résumer avaient donc pour conséquence logique la nécyomancie ou nécromancie, si développée chez tous les peuples antiques, dont l'*Odyssée* nous offre un curieux exemple (2), qui chez les Grecs était constituée à l'état d'oracles réguliers dans un certain nombre de

---

(1) *La magie*, p. 158 et suiv.
(2) N, v. 29 et suiv.; Cf. Apollon. *Argonaut*. III, v. 1030 et suiv.; Ovid. *Metam*. VII, v. 240 et suiv.

sanctuaires (1), que les Thraces pratiquaient également (2), dont les Étrusques faisaient grand usage (3), qui leur avait été empruntée par les Romains (4), et chez ces derniers rentrait dans le domaine de devins ambulants que l'on consultait comme les diseurs de bonne aventure (5). Et en effet on nous atteste que la nécyomancie était florissante à Babylone (6).

Le phénomène de la ventriloquie, qui est devenu pour nous un sujet d'amusement sur les tréteaux des foires, avait été pour les peuples primitifs un objet de terreur autant que d'étonnement; hors d'état

---

(1) Fréret, *Mém. de l'Acad. des inscr.* t. XXIII, p. 174; Wiskemann, *De variis oraculorum generibus apud Græcos*, p. 54; Maury, *Histoire des religions de la Grèce*, t. I, p. 195; t. II, p. 466 et suiv.

(2) Herodot. IV, 94 et suiv.

(3) Clem. Alex. *Protrept.* I. p. 11; Theodoret. *Gr. affect.* cur. 10, dans ses *Opp.* t. IV, p. 930 et 964.

(4) La nécyomancie fut pratiquée par Appius Claudius Pulcher (Cicér. *Tusculan.* I, 8 et 16; *De divinat.* I, 58), par Vatinius (Cicer. *Contr. Vatin.* 6), par Libon Drusus (Tacit. *Annal.* II, 28), par Néron (Sueton. *Ner.* 34; Plin. *Hist. nat.* XXX, 5) et par Caracalla (Dio Cass. LXXVII).

(5) Pseudo-Clem. *Recognit.* I, p. 494, ed. Cotelier.

(6) Iamblich. *ap.* Phot. *Biblioth.* cod. 94, p. 75, ed. Bekker.

de l'expliquer, ils le considéraient comme surnaturel. Le ventriloque n'était pas à leurs yeux, comme aux nôtres, un baladin, qui tire à volonté parti d'une faculté naturelle; c'était un possédé, dans le ventre duquel s'était logé un esprit (1), surtout l'esprit d'un mort, lequel du fond de cet asile faisait entendre sa voix, indépendamment de la volonté du possédé. Ce n'est que fort tard, et par suite du progrès de la philosophie et des sciences, que les Grecs reconnurent le caractère naturel de la ventriloquie; et encore parmi eux les hommes éclairés arrivèrent seuls à cette conviction. Pour la masse du peuple, l'antique superstition se perpétua; elle continua à considérer les ventriloques comme en proie à un démon, δαιμονόληπτοι, à l'esprit d'un mort, les paroles qu'ils faisaient entendre sans remuer les lèvres et qui semblaient sortir de terre, comme celles de ce démon; par suite, elle leur attribua un caractère prophétique. Et la jonglerie des ventriloques, ἐγγαστρίμυθοι, exploita cette crédulité, qui produisait une classe particulière de devins considérés comme évocateurs des morts et servant d'organes à leur mani-

---

(1) Aristoph. *Vesp.* v. 1017; Schol. *ad. h. l.;* Hesych. v. ἐγγαστρίμυθοι.

festation (1). A Athènes, on les appelait des Euryclès ou des Euryclides (2), et leur art « la mantique d'Euryclès » (3), d'après le personnage que la tradition locale désignait comme ayant eu le premier un démon ainsi glissé dans son ventre (εἰς ἀλλοτρίους γαστέρας ἐνδὺς, dit Aristophane) et parlant en lui. Mais le nom qu'on leur donnait le plus généralement était celui de Pythons (ὕθωνες, de πυνθάνω), qui semble avoir passé par métonymie au ventriloque, de l'esprit Python ou « informateur » censé résider dans son corps (4).

La version des Septante et celle de saint Jérôme ont introduit dans notre langage biblique ces termes de pythons et d'esprits pythons (ou esprits de python), en s'en servant pour traduire les *oboth* du texte hébraïque, qui correspondent, en effet, très-exactement à ce qu'étaient les pythons dans les idées des Grecs. L'*ob*, dont il est fréquemment question

---

(1) Philochor. *ap.* Suid. v. ἐγγαστρίμυθος. Voy. Eusèbe Salverte, *Des sciences occultes*, t. I, p. 185; A. Maury, *La magie et l'astrologie*, p. 60.
(2) Schol. *ad* Aristoph. *l. c.*; Iamblich. *l. c.*
(3) Aristoph. *l. c.*
(4) Plutarch. *De defect. orac.* 9; Euseb. *Comment. in Is.* 45; Hesych. v. πύθων; cf. Act. Apost. XVI, 16.

dans la Bible, est un esprit immonde, un esprit des morts (1), que l'on consulte pour savoir l'avenir (2), et qui répond par le moyen d'un homme ou d'une femme dans le corps de qui il a établi sa demeure (3), exactement comme l'*yidoni*, autre esprit se manifestant d'une manière analogue, dont le nom signifie « celui qui sait » ou « qui fait savoir », et qui est presque toujours cité en même temps que l'*ob*. Ensuite, par une métonymie très-facile, les appellations d'*oboth* et d'*yidonim* passent des esprits mêmes aux devins qui les possèdent en eux et parlent en leur nom (4). Ces devins étaient des ventriloques ; Josèphe, écho de la tradition juive, le dit formellement de la fameuse pythonisse d'En-Dor (5), et les Septante l'admettent également, puisqu'ils traduisent à plusieurs reprises *oboth* par ἐγγαστρίμυθοι. C'est ce qui ressort aussi clairement des expressions significatives par lesquelles les prophètes décrivent la voix des *oboth* :

Et quand ils vous diront : « Interrogez les oboth et les

---

(1) Deuteron. xviii, 10 ; Is. xviii, 3.
(2) Deuteron. xviii, 10 ; I Sam. xxviii, 8.
(3) Levit. xx, 27 ; I Sam. xxviii, 7.
(4) Levit. xx, 6 ; I Sam. xxviii, 3 et 9 ; Is. xix, 3.
(5) *Ant. Jud.* VI, 14, 2.

yidonim qui sifflent et chuchotent (1). Chaque peuple ne doit-il pas interroger son dieu, les vivants en faveur des morts (2) ? »

Et ailleurs :

Tu seras abaissée, tu parleras de la terre, ta parole sera couchée dans la poussière ; ta voix viendra de la terre comme celle d'un ob, et de la poussière tu chuchoteras ton discours (3).

L'histoire si connue de Saül et de la pythonisse d'En-Dor, racontée dans le chapitre XXVIII du premier livre de Samuël, montre que les oboth joignaient à la pratique de la ventriloquie celle d'évocations dans lesquelles ils faisaient apparaître les ombres des morts. Je n'ai pas, du reste, à examiner ici la question théologique, discutée par les Pères de l'Église (4), de la part de faits démoniaques réels qui pouvaient, dans leurs opérations, se mêler à la pure jonglerie ; ceci nous ferait sortir du domaine de l'érudition.

(1) Cf. Homer. *Iliad.* Ψ, v. 101.
(2) Is. xviii, 3.
(3) Is. xxix, 4.
(4) S. Johan. Chrysost. *ad* I Corinth. xii ; Tertullian. *Adv. Marc.* IV, 25 ; *De anim.* 57 ; S. Augustin. *De doctr. Christ.* 33.

Parmi les pratiques de sorcellerie mauvaise et coupable qui sont énumérées dans quelques-unes des formules préservatrices du grand recueil magique, il en est une que désigne le signe qui porte le n° 200 dans le répertoire des caractères cunéiformes dressé par M. Smith (1) et le n° 287 dans celui de mes *Études accadiennes* (t. I, fasc. 3). Les Syllabaires lui donnent pour lecture accadienne un mot *ubi*, qui est traduit en assyrien *abutuv*, et *ubutuv*, ce qu'on est conduit naturellement à entendre comme « la consultation » ou « l'évocation de l'ob », puisqu'il s'agit d'une opération magique. Le même idéogramme, pris avec un sens verbal, a pour correspondants assyriens, dans les tablettes lexicographiques, *naklu*, « agir artificieusement, s'adonner à des pratiques coupables, » et *saru* (hébr. סור), « errer, être pervers, agir perversement. » Enfin, dans les documents bilingues, ce signe sert assez fréquemment à représenter le radical verbal accadien *lil*, « s'élever, monter. » Je crois que c'est là sa signification primitive, qu'il ne s'est appliqué qu'ensuite à l'opération du nécromancien ventriloque, parce qu'elle

(1) *The phonetic values of the cuneiform characters*, Londres, 1871.

était une évocation, une suscitation des esprits des morts, appelés des demeures souterraines ; enfin, que c'est la réprobation attachée aux rites de ce genre qui a produit les deux derniers sens, ceux auxquels correspondent en assyrien les verbes *naklu* et *saru*. Dans toutes les écritures où le principe de l'idéographisme tient une place considérable, nous voyons les mêmes faits se produire. Les acceptions d'un idéogramme peuvent s'étendre autant que celles d'un mot de la langue parlée, et en vertu des mêmes analogies. Mais, par suite de l'indépendance originaire de la langue graphique par rapport à la langue parlée, il arrive souvent que l'extension des sens d'un même symbole a englobé des idées que des mots absolument différents représentent dans l'idiome oral (1).

Les conclusions auxquelles nous conduit l'étude des acceptions diverses du caractère qui désigne l'opération magique appelée en accadien *ubi* et en assyrien *ubutuv* sont confirmées par le témoignage d'Iamblique (2), disant que « les Babyloniens prati-

---

(1) Voy. mon *Essai sur la propagation de l'alphabet phénicien*, t. I. p. 62.

(2) *Ap.* Phot. *Biblioth.* cod. 94, p. 75, ed. Bekker.

quent la nécyomancie et qu'ils appellent σακχούρας le ventriloque possédé par l'esprit d'un mort, que les Grecs qualifient d'Euriclès. » La forme originale du mot transcrit ici σακχούρας n'a pas encore été retrouvée, et nous ne saurions préciser dans quelle mesure il a été altéré. Pourtant on peut remarquer déjà que, tel qu'il se présente, ce mot a la physionomie bien plus accadienne que sémitique et qu'il semblerait volontiers être un composé de la langue d'Accad, dans lequel le premier élément serait le radical bien connu *sak*, qui est aussi celui de *sakba*, « talisman. »

Tout ceci permet de constater que la croyance aux oboth et les rites par lesquels on les interrogeait provenaient de la magie chaldéenne et avaient été introduits par son influence en Syrie et en Palestine. Le nom même en découlait de l'accadien *ubi*, et n'était pas d'origine sémitique. Ceci débarrasse des difficultés fort sérieuses que présentait l'étymologie du mot *ob* quand on la cherchait dans le vocabulaire des radicaux des langues de Sem. En vertu d'une assonance qu'il faut aujourd'hui considérer comme purement fortuite, on identifiait ce mot avec son homophone *ob*, qui a en hébreu le sens d'« outre ». Le python ou ventriloque, disait-on, était ainsi appelé parce qu'on le considérait comme aussi passif qu'une outre dans laquelle l'esprit serait venu résider. Mais cette explication ingénieuse, à laquelle il fallait bien s'arrêter, faute de mieux, était démentie par ce fait que le nom d'*ob* avait désigné d'abord, non le devin, mais l'esprit lui-même, auquel la qualification d'« outre » ne pouvait plus s'appliquer en aucune façon.

Comme on le voit, la nécyomancie et la consultation des esprits pythons était, en Chaldée et en Babylonie, une chose considérée comme coupable et mauvaise ; bien plus magique que mantique, cette opération était classée parmi les œuvres réprouvées de la sorcellerie malfaisante, de la magie noire. Elle n'a jamais été admise dans le cadre de la divination légitime, régulière et scientifique. A ce point de vue, nous aurions pu l'exclure de la présente étude. Mais il m'a paru qu'il y avait intérêt de compléter par ce qui s'y rapportait le tableau de tous les moyens, sanctionnés religieusement ou condamnés, par lesquels les Chaldéens croyaient possible de pénétrer les secrets de l'avenir, et en même temps d'ajouter par là un chapitre supplémentaire au livre dans lequel j'ai antérieurement traité de leur magie.

APPENDICE

LES SIX PREMIERS CHAPITRES DE DANIEL

I

Après les faits caractéristiques que nous avons constatés dans ce volume, il est difficile de ne pas faire un retour sur un des livres de la Bible dont l'authenticité est le plus vivement et le plus sérieusement contestée, sur le livre de Daniel. Comment, en effet, n'être pas frappé de la concordance singulière qui s'établit entre toutes ces visions de rois, sur lesquelles, d'après leurs annales officielles, ils règlent leurs actes les plus essentiels après avoir consulté les interprètes autorisés des rêves, et les songes de Nabuchodorossor, l'importance qu'il y attache, la manière dont il interroge ses devins pour savoir ce que ces visions veulent dire, les honneurs dont il comble le jeune Hébreu introduit dans les rangs des docteurs chaldéens, quand il lui en explique le sens après que les autres sont restés muets? Tout ceci donne au livre de Daniel, au moins aux six premiers chapitres, une vérité de couleur babylonienne et une convenance au cadre historique de l'époque, qui en grandit beaucoup la valeur.

Cependant il n'y a pas de livre qui ait été plus unanimement condamné par l'exégèse rationaliste, même par une exégèse modérée, que celui de Daniel. Les critiques de cette école sont d'accord pour lui refuser une origine ancienne et pour y voir une composition apocalyptique écrite au temps d'Antiochus Épiphane et de ses persécutions; quelques-uns vont même jusqu'à y fixer la date d'une année précise, 167 avant Jésus-Christ. La défense des écrivains orthodoxes a été jusqu'ici très-faible, à mes yeux du moins. Aussi je dois avouer qu'une partie des arguments invoqués par Corrodi, Eichhorn, Bertholdt, Jahn, Gesenius, de Wette, Lengerke, Ewald et Hitzig m'ont paru longtemps irréfutés. J'acceptais leur opinion, et je l'ai même imprimé. Mes convictions chrétiennes ne me paraissaient pas avoir à s'en effrayer, car je ne suis pas de ceux qui condamnent à l'avance les hardiesses de l'exégèse, tout en cherchant autant que je le puis à me défendre de ses excès. Je ne crois pas que la valeur religieuse des livres de l'Ancien Testament dépende de questions de dates et de noms d'auteurs qui sont souvent douteuses. En particulier, pour le livre de Daniel, il me semblait que l'opinion des exégètes rationalistes y laissait intacte la chose véritablement essentielle pour la foi du chrétien. La prophétie messianique des soixante-dix semaines d'années restait aussi merveilleuse, aussi inexplicable humainement dans un écrit du temps d'Antiochus Épiphane que dans un livre de peu postérieur à Nabuchodorossor. Pour en annihiler la valeur, il eût fallu prouver que les prophéties de Daniel étaient l'œuvre d'un chrétien, et c'est ce que personne ne pouvait même tenter.

Ce sont des raisons uniquement et exclusivement scientifiques qui m'ont amené à changer d'opinion sur le livre de Daniel et à en revenir aux données de la tradition, surtout aux données talmudiques qui attribuent cet écrit à l'époque de la Grande-Synagogue (1). Ma conviction nouvelle s'est formée sur l'étude des textes cunéiformes, dont le contrôle avait manqué pour le jugement, qu'il y a maintenant, je crois, nécessité de réviser. Le témoignage de ces textes est, en effet, un élément indispensable du débat, et seul il permet de prononcer en dernier ressort à la fois sur le livre de Daniel pris en lui-même et sur l'opinion de l'école exégétique.

Je ne m'occuperai ici que des chapitres I à VI, des chapitres qui présentent un récit historique, en laissant de côté les visions prophétiques et apocalyptiques des chapitres VII à XII. Ce sont, en effet, deux parties originairement bien distinctes, non par l'esprit, mais par la nature et par le plan, bien qu'elles aient ensuite été réu-

---

(1) *Bava bathra*, fol. 146.

nies en un même corps, où l'on n'a pourtant pas fait entièrement disparaître entre elles certaines divergences de rédaction (1). Sous ce rapport, je me sens tout à fait de l'avis d'Eichhorn et de Bertholdt; l'unité des deux parties, supposant nécessairement un même auteur, ne me paraît pas aussi manifeste que l'admettent de Wette et M. Hitzig. Je vois seulement une communauté d'esprit, qui semble supposer, quand la deuxième partie a été écrite, l'existence antérieure et peut-être même la connaissance de la première, et aussi quelques traces d'un travail de révision, fait lors de la réunion des deux morceaux en un seul tout.

Si je borne mes observations à une partie seulement du livre, ce n'est pas, du reste, que je veuille, pour me servir d'une expression vulgaire, « jeter à l'eau » les visions de la fin. Je ne fais pas la part du feu pour me rendre la tâche plus facile. Je crois que la seconde moitié du Daniel peut être aussi bien défendue et justifiée que la première. Mais le caractère distinct des deux parties de ce livre ne permet pas de les examiner au même point de vue. L'ancienneté des six premiers chapitres est une question de pure science et de critique historique, qui ne demande dans la discussion que des arguments d'érudition, qui peut se trancher dans un sens ou dans l'autre en dehors de toute préoccupation religieuse, d'apologie comme d'attaque; or, c'est sur ce terrain exclusivement scientifique

(1) Comparez, par exemple, ii, 21; à x, 1;

que je tiens à me placer. Les visions prophétiques des six derniers chapitres obligent à aborder de front la grande question du surnaturel et de la réalité de l'inspiration prophétique, qui est du domaine de la philosophie et de la foi. La manière de juger ces visions et leur date dépend avant tout de la question de savoir si un prophète peut, inspiré de Dieu, prédire l'avenir : ce n'est donc plus matière d'érudition et de critique pure, mais de polémique religieuse, et il est impossible qu'ici l'opinion embrassée par un écrivain ne soit pas le reflet de ses croyances.

II

Remarquons d'abord que le livre de Daniel est peut-être de tout l'Ancien Testament celui qui nous est arrivé dans le plus triste état. L'examen de la version des Septante montre que les traducteurs alexandrins du temps des Ptolémées avaient sous les yeux un texte en bien des endroits différent de celui que nous possédons dans les Bibles hébraïques. Ce dernier lui-même est fait de pièces et de morceaux. Une partie (les chapitres I et VIII à XII) est dans un hébreu qui rappelle celui des derniers prophètes et surtout des écrits immédiatement postérieurs à la captivité, avec une certaine teinte d'aramaïsme cependant, qui peut « s'expliquer chez un écrivain ancien vivant au milieu des Araméens (1); » ce sont là, sans doute, les débris du texte original. Mais dans les chapitres II à VII on a suppléé à sa perte par une version araméenne, qui semble par sa langue d'origine palestinienne et doit être postérieure à Alexandre et à la conquête des Macédoniens, puisqu'elle emploie des mots grecs, κίθαρις, σαμβύκη, ψαλτήριον, συμφωνία (2).

---

(1) Th. Nœldeke, *Histoire littéraire de l'Ancien Testament*, traduction H. Derenbourg et J. Soury, p. 333.

(2) III, 5 et 29.

On pourrait essayer, il est vrai, de justifier l'introduction de ces mots grecs, en relevant, dans les textes cunéiformes et ailleurs, une série d'indications sur des rapports entre les Hellènes et l'Assyrie ou Babylone dans les VIIIe et VIIe siècles. Sargon appelle la partie de la Méditerranée voisine de Cypre « la mer de Yavan » ou des Ioniens. Sennachérib se heurta aux Grecs en Cilicie et éleva dans ce pays un monument commémoratif de sa victoire sur eux. (Beros. ap. Euseb. *Chron. Armen.* p. 20, ed. Mai.) Assarahaddon et Assourbanipal énumèrent plusieurs rois grecs de l'île de Cypre parmi leurs tributaires. Il est probable que c'est un de ces rois, nommé Pythagoras, qui commandait déjà, sous Sennachérib, un corps de troupes grecques à la solde du monarque ninivite et que l'on confondit plus tard avec Pythagore le philosophe. (Beros. *Fragm.* 12, ed. C. Müller; Abyden. *Fragm.* 7, ed. C. Müller.) Le frère du poëte Alcée, au temps de Nabuchodorossor ou de ses successeurs immédiats, s'était illustré « aux plus lointains confins de la terre, en portant aide aux Babyloniens. » (Alc. *Fragm.* 33, ed. Bergk.) Un camée de travail grec de l'Asie Mineure, conservé au Musée de Berlin (voy. la gravure dans Schenkel, *Bibel-Lexicon*, t. III, p. 511), a reçu une inscription cunéiforme contenant une dédicace au dieu Mardouk par un roi Nabuchodorossor; mais, d'après le style de la pierre, c'est le compétiteur de Darius, fils d'Hystaspe, plutôt que le vainqueur de Jérusalem.

Malgré cet ensemble de faits, les relations ne me paraissent pas avoir

On ne saurait trouver une autre explication raisonnable au fait, sur lequel passent beaucoup trop facilement la plupart des commentateurs, du brusque changement de langue qui s'observe à deux reprises dans le livre. M. Merx a supposé que l'auteur aurait choisi à dessein la langue araméenne comme langue populaire pour les parties de son livre écrites en vue du peuple, tandis que les morceaux apocalyptiques, destinés seulement aux hommes d'une culture plus élevée, auraient été composés en hébreu, comme dans la langue savante. Mais ceci est absolument contredit par ce fait que le premier chapitre, indispensable à l'intelligence de l'ensemble et tout à fait populaire, est en hébreu, tandis que le septième, entièrement apocalyptique, est en araméen. Il y a également des alternances d'emploi de l'hébreu et de l'araméen dans le livre d'Esdras; mais tous les critiques, même les plus orthodoxes, y reconnaissent précisément la preuve de la compilation dans ce livre de documents d'origine diffé-

été assez considérables et assez suivies pour introduire des mots grecs dans l'usage à Babylone. On ne voit apparaître quelques expressions grecques, comme celle de στατήρ, dans les textes cunéiformes, que sous la domination des Séleucides, dans quelques contrats privés qui portent des dates de ces rois.

Au reste, ce n'est pas seulement sur la présence de mots grecs, qui pourraient au besoin s'expliquer par une interpolation, que l'on doit se fonder pour reporter à une date relativement basse la rédaction des parties araméennes du livre de Daniel, telle que nous la possédons et qu'elle me paraît une version postérieure d'un premier texte écrit en hébreu ; c'est aussi sur l'ensemble des caractères philologiques de la langue.

rente, conservés dans leur langue originale. On ne saurait admettre raisonnablement un écrivain qui se serait plu, sans motif aucun et uniquement par caprice, à changer tout à coup de langue et à passer de l'hébreu à l'araméen au beau milieu d'un verset. Tout s'explique, au contraire, si l'on admet la substitution de la version aux parties perdues du texte primitif, précisément là où s'arrêtait la partie qui en avait été conservée. Et cette manière de voir est confirmée d'une manière qui me semble décisive par la glose marginale, actuellement incorporée au texte (1), qui introduit la partie empruntée à la version araméenne dans le verset 4 du chapitre II. Il faut en effet, de toute nécessité, traduire ainsi :

Et les Chaldéens parlèrent au roi : Araméen : « Que le roi vive éternellement! Dis le songe à tes serviteurs, et nous donnerons l'explication. »

En effet, tout ce qui suit à partir de là, jusqu'au commencement du chapitre VIII, appartient au texte araméen. De cette façon disparaît la notion absurde, contredite par tous les monuments, et qui a si longtemps égaré les érudits, des Chaldéens parlant *en araméen* (2). Dans le livre d'Esdras, le grand morceau araméen qui va de

---

(1) Cette incorporation est antérieure à la version des Septante.
(2) M. Joseph Halévy a dernièrement prétendu renouveler cette opinion. A cela seul on peut juger le degré de sa compétence sur les questions assyriennes dont il veut parler sans les avoir apprises, et où il se pose en censeur des assyriologues.

IV, 8, à VI, 18, est introduit par la même glose, passée également dans le texte, qu'elle rend inintelligible. Le verset 7 du chapitre IV porte en effet dans l'état actuel :

Et durant les jours d'Arthakhschaschtha, Bischlam, Mithradath, Tobel et ses concitoyens écrivirent à Arthakhschaschtha, roi de Perse, et l'écriture de la lettre était en araméen et interprétée en araméen.

C'est un pur non-sens, et il est manifeste qu'il faut traduire ce verset, avec le 8ᵉ, de la manière qui suit :

Et durant les jours d'Arthakhschaschtha, Bischlam, Mithradath, Tobel et ses concitoyens écrivirent à Arthakhschaschtha, roi de Perse, et l'écriture de la lettre était en araméen, accompagnée d'une traduction.

Araméen :
Rehhoum, le conseiller, et Schimschaï, le scribe, écrivirent une lettre contre Jérusalem au roi Arthakhschaschtha, comme il suit.

Constitué comme je viens de le dire, le texte de Daniel parvenu jusqu'à nous est, de plus, criblé de fautes de copistes, qui se reconnaissent et se corrigent aisément dans un certain nombre de noms propres. Ainsi nous avons non-seulement la faute de Nabucadnétzar pour Nabucadrétzar (Nabuchodorossor), qui s'est introduite aussi dans les Rois et dans les Chroniques; tandis que Jérémie (1) et

(1) XLII, 28.

Esdras (1) gardaient seuls la vraie leçon, mais encore Abad-Négo pour Abad-Nébo, Belschatzar pour Belscharatzar (Belsarossor). Le nom de Mischach, donné à un des jeunes compagnons de Daniel, est évidemment aussi l'altération, sous la main des copistes, d'une forme originaire où le dernier élément de son nom juif de Mischaël avait été remplacé par l'appellation de quelque dieu babylonien, peut-être Mischa[marda]ch (2) (assyrien *Ma-sa-Maruduk*). Je suis tenté d'attribuer la même origine à l'impossible Schadrach, qu'on pourrait peut-être, en y introduisant une correction, ramener sans trop de difficulté à un nom babylonien réel (3). Enfin, il y a certainement une faute de copie dans l'un des nombres contradictoires de I, 5, et II, 1 ; il est probable que dans le second endroit le texte portait d'abord : « Dans la seconde année » (après que Daniel fut sorti de l'école des Chaldéens), et qu'on en a fait ensuite par erreur : « Dans la seconde année du règne de Nabuchodorossor. »

En outre, dans ce texte déjà si corrompu, des mains ignorantes et maladroites ont essayé d'introduire des cor-

---

(1) II, 1.

(2) Voir dans מישך une altération de מיש[מורד]ך paraîtra peut-être au premier abord bien hardi ; mais nous constatons un exemple analogue de la chute d'une partie des lettres intérieures d'un nom propre assyrien dans un passage d'Esdras (IV, 10) que l'on peut aujourd'hui corriger avec certitude. Le nom du roi Assourbanipal y est devenu Asnapar : אסנפר de אס[רב]נפ[ר].

(3) Il est cependant possible que ce soit le nom élamite Soutrouk ou Soudrouk, dont שדרך serait une transcription très-exacte et qui paraît, à cette époque, s'être naturalisé à Babylone.

rections plus fâcheuses encore. Ainsi, l'erreur grossière du premier verset du chapitre I, mettant en l'an 3 de Joïakim la première prise de Jérusalem par Nabuchodorossor, qui n'était monté sur le trône que l'an 4 de ce roi de Juda (1), est manifestement le fait d'un individu qui aura voulu corriger un nombre altéré d'après II Rois, XXIV, 1, mal compris. Je suis disposé à penser que c'est une tentative malheureuse du même genre qui aura introduit dans IX, 1 Akhaschvérosch, transcription hébraïque habituelle du nom de Xerxès, tandis que le texte primitif devait avoir probablement une transcription correspondant au perse Ouvakhsatara, forme originale du nom de Cyaxare (2).

Toutes ces altérations du texte doivent être admises, à moins de fermer volontairement les yeux à la lumière. Il faudrait un esprit singulièrement étroit pour supposer que Dieu, par un miracle perpétuel, a mis à l'abri des corruptions de ce genre tous les mots du livre sacré. Il suffit, d'ailleurs, d'un coup d'œil sur une Bible hébraïque avec ses *qerî* et *chethib* pour voir que le miracle n'a pas été fait. C'est dans les fautes que je viens d'indiquer que l'école exégétique puise presque toutes celles de ses objections contre l'ancienneté du livre de Daniel qui ne se rattachent pas à des idées préconçues sur l'impossibilité

---

(1) II Reg. XXV, 8; Jerem. XXV, 1.

(2) אוחשתר serait ainsi devenu אחשורוש, en passant peut-être par une première altération אוהשורו, très-admissible paléographiquement, et qu'une main maladroite aurait essayé de corriger.

des prophéties et des miracles. Mais, de bonne foi, en est-il une seule qui dépasse les chances habituelles d'altération d'un texte excellent en lui-même sous la main des copistes ? Il y a bien des écrivains grecs dont le texte a beaucoup plus souffert encore, sans qu'on en conteste pour cela l'authenticité ; on cherche seulement à le corriger et à le ramener à sa pureté première. C'est le fond du livre qu'il faut examiner avec rigueur après avoir fait la part de ces corruptions. Et c'est dans un tel examen qu'il me paraît reprendre toute sa valeur, maintenant qu'on peut le confronter avec les documents cunéiformes.

III

Le livre de Daniel contient des données historiques absentes de tout autre écrit sacré ou profane, et confirmées par le témoignage des monuments. Tel est le personnage de Belsarossor, fils de Nabonahid (1), et associé au trône par ce dernier monarque indigène et indépen-

---

(1) Il est vrai qu'il est question de « son père Nabuchodorossor ». (v, 2, 11 et 18.) Mais des exemples du mot de « père », dans un sens vague, pour désigner seulement un ancêtre et un prédécesseur, se trouvent dans les textes assyriens. C'est ainsi que les inscriptions de l'obélisque de Nimroud qualifient Jéhu de « fils d'Omri ».

dant de Babylone, dont l'existence réelle a été mise en lumière par le prisme découvert à Mougheir (l'ancienne Our), et maintenant conservé à Londres (1). Quand je lis dans un fragment d'Abydène, l'abréviateur de Bérose, l'étrange récit de la fin de Nabuchodorossor, et quand j'y vois une allusion au rôle que joua dans la prise de Babylone par les Perses « un Mède dont se glorifiait jusqu'alors l'Assyrie » (2), je ne puis m'empêcher de penser qu'il en est de même du fameux Darius le Mède, sur lequel on a fait tant de conjectures. Supposer, avec les hypercritiques, que le rédacteur du livre a confondu, par ignorance, Darius fils d'Hystaspe avec Cyrus, est tout simplement impossible. L'écrivain mentionne plusieurs fois, et très-exactement, Cyrus; il sait la distinction des Mèdes et des Perses; par conséquent, lorsqu'il dit que son Darius était Mède, c'est dans un sens précis. Mais rien de plus facile que d'admettre que Cyrus aura investi pour quelque temps d'une royauté vassale à Babylone, comme prix de sa trahison, le grand personnage d'origine médique qui avait contribué à lui livrer la ville (3). J'en trouve

---

(1) W. A. I. 1, 68, 1.
(2) Abyden. *Fragm.* 9, ed. C. Müller.
(3) Si l'on admettait la correction que j'ai proposée tout à l'heure pour ix, 1, ce Darius le Mède aurait été le fils d'un Cyaxare, sans doute du même Cyaxare dont le prétendant mède qui se révolta contre Darius fils d'Hystaspe se disait fils. Tout le monde connaît le récit de Xénophon qui fait succéder à Astyage, sur le trône de Médie, un Cyaxare II, tandis qu'Hérodote fait cesser absolument la royauté mède après la défaite d'Astyage par Cyrus. Il est certain que tout ce que dit Xénophon des rapports entre Cyrus et ce nouveau Cyaxare est impos-

182   LES SIX PREMIERS CHAPITRES

même un indice dans ce fait significatif, que, sur les contrats babyloniens et chaldéens en écriture cunéiforme, Cyrus n'est qualifié de « roi de Babylone, roi des nations, » qu'à partir de l'an 3, compté depuis la prise de la cité; dans les contrats de l'an 1 et de l'an 2, il est appelé seulement « roi des nations ».

Tous les noms propres, quand les fautes de copistes ne les ont pas trop altérés, sont parfaitement babyloniens, et tels qu'on n'eût pas pu les inventer en Palestine au second siècle avant notre ère, comme *Balatsu-usur* (1) (protége sa vie !), nom donné à Daniel, ou *Abad-Nabu* (2), nom donné à l'un de ses compagnons. Pour celui du chef des eunuques, que le texte hébreu écrit אשפנז, il n'y a guère moyen de douter qu'un *r* final n'en soit tombé, car les Septante l'écrivent, en conservant cet *r*; mais en laissant tomber une autre lettre, Αϐιεσδρὶ, ou dans quelques manuscrits, Αϐνεσδρὶ, c'est-à-dire אבנזרי. Nous avons donc, comme altérations divergentes de la forme que portait le texte originaire : $\begin{cases} \text{אשפנז} \\ \text{א בנזרי} \end{cases}$, ce qui impose de restituer cette forme en אשפנזר ou אשבנזר (3), transcription rigoureusement exacte d'un

---

sible; mais, d'un autre côté, ce que l'inscription de Behistoun rapporte du Médien Phraorte, qui se fit passer pour Xathritès, fils de Cyaxare, rend bien difficile de considérer comme une pure fable l'existence d'un personnage de ce nom, postérieur à Astyage, qui aura peut-être porté quelque temps la couronne comme vassal de Cyrus.

(1) Voy. Schrader, *Die Keilinschriften und das Alte Testament*, p. 278.
(2) W. A. I. III, 46, col. 1, l. 82.
(3) L'échange de *p* et de *b* dans la prononciation et dans l'orthographe

nom dont on a plusieurs exemples (1), *Assa-ibni-zir* (2), « la Dame (Istar de Ninive) a formé le germe ». Quelques autres sont plus corrompus, il est vrai ; mais du moins on ne remarque dans le livre aucun de ces noms propres d'autres temps et d'autres pays que les auteurs de compositions de basse époque s'en vont chercher maladroitement dans des écrits connus, et qui révèlent tout de suite la fraude. Un seul pourrait paraître dans ce cas, celui d'Arioch, mais nous l'examinerons plus loin.

La topographie n'est pas moins remarquable par son exactitude. Les indications du chapitre IV sur le palais royal bâti par Nabuchodorossor sont irréprochables. « La plaine de Doura, dans la province de Babylone, » où Nabuchodorossor fait élever l'idole qu'il commande d'adorer, est une localité immédiatement suburbaine qui garde encore aujourd'hui son nom.

Il est intéressant de comparer, sous ces divers points de vue, au livre de Daniel celui de Judith, auquel on ne

---

est fréquent ; l'exemple le plus frappant en est fourni par le mot *abal*, « fils », qui devient *bal*, puis *pal*, כל dans les transcriptions bibliques. Cette permutation s'observe précisément pour la racine בנה dans les deux formes parallèles du nom d'une même déesse, *Zir-banit* et *Zarpanit*.

(1) Écrit dans les exemples que je connais d'une manière idéographique, par les signes : AN. XV. KAK. *zir*.

(2) Pour la lecture *Assa* du nom de déesse AN. XV et sa transcription dans l'alphabet sémitique אש et même עש, voy. W. A. I. III, 46, 3 et 6. — Le verbe est très-souvent au masculin après les noms de déesses.

peut plus, depuis les études assyriennes, attribuer un caractère historique (1), et qu'il faut de toute nécessité regarder comme une composition allégorique du temps des Macchabées. Qu'y voyons-nous? Un roi d'Assyrie qui n'a jamais existé, un Nabuchodonosor ninivite, défait, dans la douzième année de son règne, sur le territoire d'un roi des Élamites non moins inconnu, Arioch (2), et à une époque où Élam venait de cesser d'avoir une existence indépendante, dans une plaine qui se trouve à la fois voisine de l'Euphrate, du Tigre et de l'Hydaspe, — fleuve de l'Inde, soit dit en passant (3), — un roi des Mèdes affublé du nom sémitique d'Arphaxad, emprunté à la descendance de Sem dans le chapitre X de la Genèse. Après avoir vaincu les Mèdes, le roi d'Assyrie veut conquérir le monde. Son général, qui porte un nom perse, Holopherne (Ouroufranâ), soumet toute la Syrie au travers d'une géographie fantastique, et vient enfin dans le pays de Juda, sous un roi qu'on ne nomme même pas, mettre le siège devant une ville qu'on ne sait où placer, et dont il n'est fait mention nulle autre part, mais dont le nom, Betheloah, « la maison de Dieu, » est tout à fait allégorique. C'est cette ville que délivre une femme dont le nom n'est

---

(1) Voy. Oppert, dans l'*Annuaire de la Société d'Ethnographie* pour 1865.

(2) Pris dans Genes. xi, 1 et 9.

(3) Saint Jérôme y substitue un fleuve inconnu, le Iadasos. Justifier ceci, comme l'ont fait quelques personnes, parce que Quinte-Curce appelle Hydaspe le Choaspès, est justifier l'erreur par l'erreur.

pas moins significatif, car elle s'appelle Yehoudith, « la Juive. » Devant cette accumulation d'impossibilités, de noms pris au hasard, et qui jurent de se trouver ensemble, on sent tout de suite que l'on est dans le domaine de la fiction, et que l'auteur a inventé de toutes pièces un cadre aux admirables leçons morales qui donnent tant de valeur au livre de Judith (1) pour l'âme et la conscience,

(1) Il y a plus d'un siècle que notre grand Fréret, avec l'esprit supérieur de critique qui caractérisait tous ses jugements, a dit que le livre de Judith ne pouvait pas être compté au nombre des monuments qui servent de base solide à l'histoire. L'auteur de ce livre s'est peut-être souvenu de la défaite de Phraorte, roi des Mèdes, par les Assyriens, qui paraît, en effet, d'après les données d'Hérodote, coïncider avec l'an 12 du Chiniladan du Canon de Ptolémée, c'est-à-dire l'an 12 du règne d'Assourbanipal à Babylone, après la mort de son frère Samoulsoumoukin. Mais ceci même est encore douteux, car la coïncidence de cette défaite de Phraorte avec une 12ᵉ année du Canon de Ptolémée résulte d'un calcul assez artificiel de raccordement entre la chronologie d'Hérodote et celle de l'astronome d'Alexandrie ; d'autant plus qu'en réalité cette 12ᵉ année de règne à Babylone était la 32ᵉ du règne total d'Assourbanipal en Assyrie. En admettant, comme l'ont fait plusieurs savants d'un grand mérite, que la défaite d'Arphaxad soit celle de Phraorte, on tomberait dans un abîme de nouvelles impossibilités, car les événements seraient contemporains de Josias, sous lequel il n'y a pas moyen de placer une invasion assyrienne inconnue aux livres des Rois et des Chroniques. Et d'ailleurs le grand-prêtre du temps de Josias ne s'appelait aucunement Joïachim, nom que nous lisons dans le livre de Judith et qui manque à la série sacerdotale authentique. Le verset où l'on décrit ce grand-prêtre Joïachim venant de Jérusalem voir Judith « avec le conseil des fils d'Israël » (xv, 8 du texte grec ; cf. xv, 9 de celui de saint Jérôme) se rapporte à l'état de choses politique postérieur au retour de la Captivité, non à celui du temps des rois (la même mention dans ɪᴠ, 8, encore plus formelle, puisque le seul gouvernement du pays s'y compose du grand-prêtre et du Conseil). Enfin la coïncidence historique résultant de la victoire de l'an 12 disparaît presque entièrement si nous lisons le texte grec du chapitre Iᵉʳ, beaucoup plus complet que

s'il n'en a pas pour l'histoire. Quelle différence avec le livre de Daniel ! Ici, tous les personnages sont aussi histo-

la version latine, car il y a deux défaites d'Arphaxad, l'une en l'an 12 et l'autre en l'an 17, et ceci n'a plus de rapport avec aucun événement connu.

Josèphe n'a pas donné place dans son histoire aux événements racontés dans le livre de Judith, et pourtant il avait dès lors une popularité qu'atteste l'épître de saint Clément le Romain ; le silence de l'écrivain juif ne peut donc pas être attribué à un défaut de connaissance du livre, mais à ce qu'il ne le regardait pas comme historique. Les Juifs, comme le remarquait déjà Origène, ne comptent pas cet écrit dans leur Canon, parce qu'il n'en existe de texte ni hébraïque ni araméen. Mais ils connaissent parfaitement l'histoire de Judith, qui est même très-populaire chez eux ; or, leur tradition constante et remontant jusqu'aux époques talmudiques dit que cette histoire se passa du temps des Macchabées et que les ennemis auxquels Judith eut affaire furent les Grecs ; on peut le voir dans les récits réunis par Jellinek dans la collection qu'il a intitulée *Beth ha-Midrasch* et traduits en allemand par M. Lipsius dans le tome X de la *Zeitschrift für wissenschaftliche Theologie* de Hilgenfeld. Ceci est confirmé par cette circonstance que la fête qui aurait été fondée en mémoire de l'exploit de Judith (xvi, 11 dans le seul texte de saint Jérôme) correspond exactement à la fête du 13 adar, qui fut établie en réalité pour rappeler le souvenir de la défaite et de la mort de Nicanor, général de Démétrius Soter (I Macchab. vii, 49 ; II Macchab. xv, 37). D'ailleurs, toute discussion à ce sujet est tranchée par le livre lui-même et le récit qui y est mis dans la bouche d'Achior sur l'histoire du peuple juif ; l'exil et la captivité, puis le retour, la destruction, enfin la reconstruction du temple y sont racontés en termes formels et qui ne prêtent à aucune équivoque (v, 18 et 19 du grec ; v, 22 et 23 de la Vulgate).

Je remarque en outre de frappantes ressemblances entre le Nabuchodonosor assyrien du livre de Judith et Antiochus Épiphane, et pour déguiser la figure d'un roi de *Syrie*, la première idée qui devait se présenter d'abord était d'en faire un roi d'*Assyrie* :

1° Ce Nabuchodonosor veut qu'on l'honore comme un dieu, et Antiochus s'intitule sur ses monnaies Θεὸς Ἐπιφανής ; c'est la forme complète du titre abrégé en Épiphane ;

2° Il s'acharne surtout sur les temples de tous les peuples, qu'il livre au pillage ; Antiochus Épiphane, pour se procurer des fonds, va piller

riques dans leur physionomie que ceux de la cour de Xerxès dans le livre d'Esther (1).

le temple de Nanæa dans l'Élam comme il avait pillé le temple de Jérusalem ;

3° Il étend ses prétentions de domination au delà de la Syrie, sur l'Égypte ; on connaît les entreprises d'Antiochus Épiphane sur l'Égypte, arrêtées par Popilius au nom du Sénat romain, entreprises auxquelles se rattachent les débuts de ses persécutions contre les Juifs ;

4° Il défait et fait prisonnier Arphaxad, roi des Mèdes, fondateur de cette monarchie et d'Ecbatane, sa capitale; Antiochus Épiphane défait et fait prisonnier Artaxias, roi d'Arménie, fondateur de cette royauté et d'Artaxata, sa capitale ; l'assonance très-voisine des deux noms a été certainement cherchée par l'auteur du livre de Judith.

Mais, en même temps, il est impossible d'admettre l'opinion de ceux qui, comme Volkmar, M. Hitzig et M. Oppert, ont fait descendre cet écrit jusqu'aux temps romains. La citation qu'en fait saint Clément s'y oppose, et d'ailleurs la mention des Édomites parmi les ennemis des Juifs prouve que le livre est antérieur à Jean Hyrcan.

La question de savoir si le livre de Judith est positivement et directement historique ne porte aucune atteinte à la canonicité de ce livre, telle qu'elle a été proclamée par l'Église. Les déguisements intentionnels de noms, comme ceux que nous y reconnaissons, sont loin d'être sans exemples dans la Bible. Il suffit de citer la substitution du nom de Babylone à celui de Rome dans la date de la première Épître de saint Pierre.

(1) Sur le livre d'Esther, voy. Oppert, dans les *Annales de philosophie chrétienne* de janvier 1864.

IV.

Plus je lis et je relis le livre de Daniel, en le comparant aux données des textes cunéiformes, plus je suis frappé de la vérité du tableau que les six premiers chapitres tracent de la cour de Babylone, et des idées spéciales au temps de Nabuchodorossor; plus je suis pénétré de la conviction qu'ils ont été écrits à Babylone même, et dans un temps encore rapproché des événements; plus je rencontre enfin d'impossibilités à en faire descendre la rédaction première jusqu'à l'époque d'Antiochus Épiphane.

Est-il admissible qu'un écrivain vivant en Palestine vers 167 avant Jésus-Christ fût aussi bien au courant de la place que les songes tenaient dans les préoccupations des Chaldéens et des Babyloniens, et de leur influence sur la conduite des rois, précisément à l'époque où il a placé son récit? Il faudrait pour cela qu'il eût possédé une connaissance du passé et un instinct de couleur locale qui fait défaut à toutes les compositions factices de l'antiquité.

Où eût-il pris ce sentiment si vrai du caractère particulier de la royauté de Babylone, aussi sacerdotale que politique, même au temps de ses conquêtes, et où le premier titre des monarques était celui de « vicaire (*sakkanakku*) des dieux », véritable souverain pontife, comme Hincks l'a très-bien vu? Une étude spéciale et approfondie de l'histoire, qui suffirait, quelle que fût sa date, à donner à tout ce qu'il dit une importance hors ligne, lui eût seule appris que ce caractère était encore plus marqué que dans toute autre chez la dynastie fondée par Nabopolassar, et sortie de la caste sacerdotale des Chaldéens, puisque Nabuchodorossor, dans la tradition locale de Babylone, acceptée par les historiens qui travaillaient sur les documents originaux, comme Bérose, avait personnellement la renommée d'un voyant et d'un prophète (1).

L'écrivain du temps d'Antiochus Épiphane eût-il pu connaître ou inventer les détails que le livre donne sur l'organisation de la caste sacerdotale et savante, ces cinq classes de docteurs qui correspondent exactement aux cinq grandes divisions que nous avons constatées dans les débris subsistants des livres sacrés, astrologiques, divinatoires et magiques?

Ce fait d'une langue spéciale aux sciences sacrées, l'accadien, enseignée dans les écoles palatines, et méritant, en réalité, le nom de « langue des Chaldéens (2) »?

Celui de l'éducation dans le palais de jeunes gens, en général choisis parmi les otages des nations vaincues, et

---

(1) Abyden. *Fragm.* 9, ed. C. Müller.
(2) I, 4.

destinés « à servir devant le roi » ? Une des inscriptions de Sennachérib donne des indications, bien précieuses à comparer avec le premier chapitre de Daniel, sur ces enfants élevés dans le palais « comme des petits chiens », *kima mirani*, dit-elle, en parlant du jeune Bel-ibous, qui avait été du nombre de ceux-ci et dont le monarque ninivite fit un roi vassal à Babylone (1).

Les noms des instruments de musique sont grecs dans le chapitre III, sauf ceux du cor, de la flûte, et peut-être aussi de la sambuque (2), et c'est, je l'ai déjà dit, un indice de la date de la version araméenne, qui seule en est restée, suivant moi. Mais un auteur séparé des événements par quatre siècles eût été un véritable érudit, comme il n'y en avait guère de son temps, s'il avait connu cette circonstance, attestée par les textes et par les monuments figurés, que la musique instrumentale, fort peu employée par les premiers rois assyriens, était devenue, précisément à partir du septième siècle, un élément capital de toutes les cérémonies religieuses et publiques en Assyrie et à Babylone. Sous Assournazirpal, les musiciens tiennent encore fort peu de place dans les représentations de fêtes, et ils ne sont en possession que de trois instruments, une sorte de harpe tenue horizontalement et jouée avec un plectrum, une lyre jouée avec la main et la cym-

---

(1) Layard, *Inscriptions*, pl. 63, l. 14.

(2) Ce nom semble venir de la racine סבך. Ce seraient ainsi les Grecs qui l'auraient reçu des Sémites et non l'auteur du texte araméen qui l'aurait pris au grec.

bale (1). Sous les Sargonides, au contraire, les troupes de musiciens figurent à chaque instant dans les bas-reliefs, comme leur présence est souvent mentionnée dans les inscriptions. Ces musiciens se servent alors d'une dizaine d'instruments différents, dont beaucoup sont positivement d'origine étrangère, comme le *kinnor* (2) de Syrie, la double flûte (3) d'Asie Mineure (4) et la cithare à sept cordes (5), qui est positivement d'invention grecque (6). L'introduction d'instruments étrangers s'explique par l'usage, qu'attestent les monuments (7), de contraindre les captifs à faire de la musique pour leurs vainqueurs, comme il est dit des Juifs à Babylone dans le psaume CXXXVII.

Pour inventer le récit du même chapitre III, il lui eût fallu, de plus, savoir que la peine de mort, avec des tortures horribles et raffinées, était le châtiment légal des blasphémateurs qui refusaient de s'incliner devant la majesté des dieux. La science le constate aujourd'hui, grâce

---

(1) G. Rawlinson, *The five great monarchies*, 2ᵉ édit. t. I, p. 529.
(2) *Ibid.* p. 530.
(3) *Ibid.* p. 534.
(4) Athen. IV, p. 184; Plutarch. *De music.* p. 1135.
(5) G. Rawlinson, ouvr. cit. t. I, p. 533.
(6) Euclid. *Introd. harmon.* p. 19; Strab. XIII, p. 618; Clem. Alex. *Stromat.* VI, p. 814.
On rapporte cette invention à Terpandre, vers 650 av. J.-C., et dans les monuments assyriens la cithare à sept cordes n'apparaît exclusivement que du temps d'Assourbanipal (668-625); la coïncidence de ces dates est frappante.
(7) G. Rawlinson, ouvr. cit. t. I, p. 540.

au soin qu'Assourbanipal a eu de faire représenter sur les murailles de son palais de Koyoundjik, avec une inscription explicative (1), le châtiment de deux blasphémateurs qu'on écorche vivants après leur avoir arraché la langue.

La fosse aux lions (chapitre VI) devient à son tour pour nous un détail d'une exactitude et d'une précision topiques, en présence des admirables bas-reliefs de chasses du même Assourbanipal, transportés à Londres, où nous voyons amener sur le terrain dans des cages les lions gardés pour les plaisirs du roi.

Sans doute il y a une exagération manifeste dans les proportions (60 coudées de haut sur 6 de large) de la statue divine d'or que Nabuchodorossor élève dans la plaine de Doura et propose à l'adoration de son peuple (2). Ici, l'auteur s'est fait l'écho des dires populaires (3), à moins qu'il n'y ait eu sous le calame des copistes une altération dans les nombres, comme il est arrivé en tant d'endroits de la Bible. Mais ces statues colossales d'or étaient tout à fait dans les usages babyloniens. Diodore de Sicile (4) décrit, avec des détails d'une précision

---

(1) W. A. I. III, 37, 7.
(2) Sans compter qu'au point de vue de l'art, la hauteur des proportions de hauteur et de largeur, prise au pied de la lettre, serait monstrueuse.
(3) Il est même assez probable, étant donné le système de la numération sexagésimale des Babyloniens, qu'il a employé le chiffre de soixante comme un nombre indéterminé. C'est ce qui m'empêche de voir ici une simple faute de copiste.
(4) II, 9.

qui ne peut s'expliquer que provenant d'un document réel, et en conformité parfaite avec les règles de la représentation des divinités chaldéo-babyloniennes, les trois statues qui, jusqu'au pillage de Xerxès, couronnaient la pyramide de Babylone, Ê-saggadhou, et qui, avec les autels placés devant et les autres accessoires, formaient une masse d'or de 5,850 talents, 143,559 kilogrammes, c'est-à-dire, *en poids*, 430 millions 677,000 francs de notre monnaie (1). Dans le sanctuaire intérieur de la pyramide à étages de Borsippa, toujours jusqu'à Xerxès, il y avait, au rapport d'Hérodote (2), qui visita Babylone peu après, une statue d'or massif de 12 coudées de haut.

A côté de ces proportions, bien mesquines sont les données que fournit une tablette originale du Musée Britannique (3) contenant une plainte au roi contre deux grands officiers accusés d'avoir détourné l'or destiné à faire une statue. Elle est pourtant extrêmement précieuse comme prouvant, par un témoignage direct et incontestable, l'usage des statues d'or de grande dimension :

Au roi, mon seigneur, ton serviteur Abad-Nébo (4).

---

(1) J'estime ici le poids d'après le talent spécial de l'or et d'après son étalon faible; avec l'étalon fort, il faudrait doubler les chiffres. Si l'on employait le talent pondéral ordinaire, son étalon faible donnerait ici 174,270 kilogr. 800 gr., et son étalon fort le double. Pour traduire ces poids en monnaie, je compte le gramme d'or à 3 francs.

(2) I, 181.

(3) K. 538. Encore inédite. Elle sera comprise dans le fascicule 4 de mon *Choix de textes*.

(4) Ou Arad-Nébo.

Paix au roi, mon seigneur! Qu'Assour, Samas, Bel, Zarpanit, Nébo, Tasmit, Istar de Ninive, Istar d'Arbèles, les dieux puissants et grands, protecteurs de la royauté, accordent cent ans (de vie) au roi, et multiplient les esclaves et les enfants du roi mon seigneur!

L'or que, dans le mois de tasrit, le conseiller intime (*tukulluv*) et le préfet du palais [*aba hikal* (1)] m'ont fait verser, trois talents d'or pur et quatre talents d'or pur, entre les mains du *rab daninu* (2)..., l'or pour la statue du roi (et) pour la statue de la mère du roi n'a pas été donné (aux ouvriers).

Que le roi, mon seigneur, donne ordre au conseiller intime et au préfet du palais de rendre l'or, de le donner d'ici à un mois aux soldats, et qu'ils le fassent exactement.

Il s'agit seulement ici de 212 kilog. 100 gr. d'or (3) ou 636,300 francs en poids. C'était cependant déjà de quoi faire une jolie statue, surtout en métal repoussé au marteau.

La plainte, trouvée dans les archives du palais d'Assourbanipal à Ninive, paraît être du règne de ce prince, qui, nous l'apprenons par un autre document de son temps (4), avait fait appliquer aux grandes images de Mardouk et de Zarpanit, dans la pyramide de Babylone, des vêtements d'or pesant quatre talents (121 kilog.

---

(1) Appelé dans d'autres cas *nir hikal*.
(2) Titre de fonction encore indéterminé.
(3) Le talent employé ici est le talent pondéral assyrien ordinaire; je compte d'après l'étalon faible; l'étalon fort donnerait 424 kilogr. 200 gr.
(4) W. A. I. II, 38, 3.

200 gr. ou 363,600 francs) (1) et enrichis de pierres précieuses.

Sous Nabuchodorossor, la masse de métaux précieux que le pillage d'une grande partie de l'Asie antérieure avait fait affluer à Babylone et que le roi, d'après le témoignage de Bérose (2), employa pour la décoration des édifices sacrés, dépasse l'imagination d'après les documents les plus authentiques. Prenons, par exemple, la grande inscription dite de la Compagnie des Indes, où ce monarque a raconté une partie de ses travaux dans sa capitale (3). Nous y voyons qu'il a fait plaquer « en or pur d'un poids immense » un autel monumental transporté par ses soins devant la pyramide de Babylone, et revêtir intérieurement « d'or battu au marteau, brillant comme le levant et le couchant, » tout le sanctuaire supérieur de la pyramide de Borsippa. Dans cette dernière, Hérodote (4) vit encore de ses yeux, même après le passage de Xerxès, une table, un trône et un escabeau d'or pesant ensemble 800 talents. Quand il s'agit de l'Asie, Hérodote compte toujours l'or sur le pied du talent euboïque, comme on le faisait officiellement de son temps dans l'empire des Achéménides ; ceci étant, ses 800 talents doivent correspondre à 20,196 kilogrammes, c'est-

---

(1) Même observation qu'à la note 3 de la page précédente ; l'étalon fort donnerait 242 kilogr. 400 gr. ou 727,200 francs.
(2) *Fragm.* 14, edit. C. Müller.
(3) W. A. I. ɪ, 53-58.
(4) I, 181.

à-dire, toujours en poids, à 60,588,000 francs. Et ici le témoignage d'Hérodote est d'autant plus capital qu'il parle *de visu;* il n'y a donc pas à y chercher, comme on pourrait le faire dans ce que dit Diodore, sans doute d'après Ctésias, une fable forgée après coup sur des objets disparus. L'érection de la statue d'or, au chapitre III de Daniel, devient un fait parfaitement vraisemblable au milieu de tous ces autres faits. Il a pleinement le cachet de l'époque.

Les deux fonctionnaires du palais mentionnés dans le texte hébreu du chapitre Ier, le chef des eunuques et le *amil ussur* ou trésorier, sont deux personnages bien connus par les documents assyriens originaux, et le texte les met très-exactement en scène dans leurs attributions réelles. Pour le second, il emploie la forme même de son titre dans la langue assyrienne (1); l'hébreu le corrompt en מלצר; mais, d'après une autre leçon plus exacte, les Septante portent Ἀμελσάδ ou Ἀμελσάρ, c'est-à-dire אמלצר. Pour le premier, l'expression employée, *rab hasarisim* ou *sar ha-sarisim*, est conforme à celle de *rab saris*, qui correspond déjà dans d'autres livres de la Bible (2) à la qualification assyrienne *rabbi nar* ou *rab nar*, « chef des serviteurs », indiquant la surintendance

---

(1) Écrit par le signe « homme » et *u-ṣu-ur* phonétiquement. J'ai d'autres preuves de ce que le signe « homme » précédant un titre de fonction, quand il est à prononcer dans ce titre, doit se lire *amil* et non *nisu*, comme on le fait d'ordinaire.

(2) II Reg. xx, 18; Is. xxxix, 7.

du chef des eunuques sur tout le service intérieur du palais. « Le chef des exécuteurs », dont il est question dans le chapitre II, est un officier qui a toujours eu une place considérable auprès des monarques orientaux ; son titre assyrien était *rab daiki*, « chef des tueurs », et une brique émaillée découverte à Nimroud par M. Smith (1) nous montre auprès du char du roi l'un des *daiki* ou exécuteurs auxquels il présidait, désigné par une légende explicative. Le second livre des Rois, dans son chapitre XXV, et le chapitre LII de Jérémie, au récit de la prise de Jérusalem et des transportations qui suivirent, mentionnent le « chef des exécuteurs » de Nabuchodorossor. Mais à celui que ces deux livres montrent en fonction jusqu'en l'an 23 du roi de Babylone ils donnent le nom parfaitement assyrien de *Nabu-zir-iddin*, tandis que dans Daniel le « chef des exécuteurs » est appelé *Arioch*, nom à physionomie suspecte, le seul qui soit dans ce cas dans les chapitres que nous étudions, car il semble avoir été pris à la Genèse (2). Il est vrai que si la date de II, 1, est manifestement altérée par une faute de copiste, comme celle de I, 1, elle se rétablit facilement par la simple réflexion ; au lieu de « dans la deuxième année du roi Naboucadnétzar », le texte portait simplement d'abord « dans la deuxième année », c'est-à-dire dans la deuxième à partir des derniers événements racontés

---

(1) Smith, *Assyrian discoveries*, pl. à la p. 80.
(2) XI, 1 et 9.

dans le chapitre Ier, à partir de la sortie de Daniel et de ses compagnons de l'école des Chaldéens (1); et ceci reporte, par conséquent, à une époque antérieure à l'an 19 du roi, où nous voyons entrer en scène *Nabu-zir-iddin*. Il pourrait donc parfaitement être ici question d'un personnage qui l'aurait précédé dans son office. Et quant au nom d'*Arioch*, tout suspect qu'il soit, il peut avoir eu pour point de départ un nom babylonien réel. En effet, plusieurs documents privés nous montrent *Ariku*, « le long », employé comme nom propre; la transcription hébraïque en aurait été ארך, et il n'y aurait rien de forcé dans la conjecture qui supposerait que l'appellation du chef des exécuteurs aurait été d'abord écrite ainsi, puis altérée en אריוך par quelque copiste maladroit qui aura cru intelligent de la rapprocher du nom qu'il lisait dans la Genèse (2).

Dans le chapitre III, nous avons une longue énumération de fonctionnaires administratifs, politiques et judiciaires. Il n'est pas un des titres de cette énumération qui ne corresponde à un titre véritablement assyrien, mentionné dans les documents des rois de Ninive et de Babylone; la correspondance en serait facile à donner et

---

(1) La conjecture de Josèphe (*Ant. Jud.* X, 10, 3) qu'il s'agit de deux ans après l'invasion de l'Égypte par Nabuchodorossor, l'an 23 de son règne, n'est pas un seul instant admissible. Au reste, cette invasion elle-même est fort sujette au doute.

(2) C'est ainsi que Josèphe (*Ant. Jud.* X, 10, 3) a fait du nom du chef des eunuques אשפנז, Ἀσχάνης, en le confondant avec le אשכנז du chapitre X de la Genèse.

certaine. Mais il est à remarquer que pour deux de ces titres seulement, *pakhat* et *sakan*, répondant assez exactement à ce que sont dans la hiérarchie actuelle de l'empire ottoman pacha et kihaya, la forme assyrienne a été conservée ; pour tous les autres, le texte araméen donne des équivalents. Et, circonstance très-digne de remarque, ces équivalents sont empruntés à la langue perse et à l'administration des Achéménides, comme aussi la qualification du héraut qui proclame les ordres royaux. Ceci me paraît dater d'une manière précise l'époque de la composition des premiers chapitres de Daniel. Si ce livre avait été inventé au temps d'Antiochus Épiphane, nous aurions là quelques mots grecs, comme les noms des instruments de musique dans le même chapitre ; nous aurions au moins le titre de στρατηγὸς, qui fut tout de suite adopté dans les langues sémitiques, ainsi que nous le voyons par les inscriptions araméennes. La même raison s'oppose à ce que ces équivalents aient été substitués aux titres réellement assyriens par l'auteur de la version araméenne, seule subsistante pour le chapitre III, puisque celui-ci écrivait du temps des successeurs d'Alexandre. Il faut de toute nécessité admettre qu'ils existaient déjà dans le premier texte hébraïque. Et en effet le chapitre I, pour lequel nous avons ce texte hébraïque, nous y offre encore deux mots perses, tandis qu'il n'en a pas un seul grec. Ces deux mots perses sont celui qui désigne les principaux de la noblesse de Jérusalem (פרתמים), dans le verset 3, et celui qui s'applique aux portions envoyées journellement de la table du roi pour les jeunes gens élevés dans le palais (פתבג), aux versets 5 et suivants. Mais, dès lors, l'emploi de toutes ces expressions perses prouve que le livre, sous sa forme primitive, a été composé non sous les Séleucides, mais sous les Achéménides, quand, à Babylone même, les qualifications perses des fonctions administratives supplantaient dans l'usage les anciennes dénominations assyriennes, et avant que la conquête grecque eût encore introduit d'autres noms, cette fois empruntés au grec.

V

Parmi les chapitres de la première partie de Daniel, un des plus importants et des plus curieux est le IVe, qui contient le récit, placé dans la bouche de Nabuchodorossor et donné comme une sorte de proclamation officielle émanée de lui, de la démence du grand roi de Babylone, de la vision qui l'avait annoncée et de l'explication que le prophète hébreu avait fournie de ce songe. J'ai placé sous les yeux du lecteur un récit de rêve prophétique tiré des annales officielles d'un roi d'Assyrie.

Il est curieux d'y comparer le récit analogue que le livre biblique attribue au monarque de Babylone :

Moi, Nabuchodorossor, j'étais tranquille dans ma demeure et florissant dans mon palais : je fis un songe qui m'épouvanta, et les pensées sur mon lit et les visions autour de ma tête me troublèrent d'effroi. Et je rendis un ordre pour introduire en ma présence tous les docteurs de Babylone afin qu'ils m'exposassent l'interprétation de mon songe.

Alors vinrent en ma présence les conjurateurs, les théosophes, les Chaldéens (astrologues) et les devins, et je leur dis mon songe, mais ils ne purent m'en faire connaître l'interprétation.

Enfin vint en ma présence Daniel, dont le nom est Balatsoussour, d'après le nom de mon dieu (1), et qui a en lui l'esprit des dieux saints, et je lui dis mon songe :

« Balatsoussour, chef des conjurateurs, puisque je sais que l'esprit des dieux saints est en toi et qu'aucun mystère n'est impénétrable pour toi, dis-moi les visions du songe que j'ai vu et leur interprétation. Les visions de ma tête sur ma couche étaient que je vis (2), et voici un arbre au milieu de la terre, et sa hauteur était considérable. L'arbre crût et devint fort ; sa hauteur atteignait le ciel, et on le voyait des extrémités de toute la terre. Son feuillage était beau et ses fruits abondants ; il y avait en lui de la nourriture pour tous ; sous lui les animaux des champs s'abritaient ; dans ses branches habitaient les oiseaux du ciel ; et de lui se nourrissait toute chair. Je voyais dans les visions de ma tête sur mon lit, et voilà qu'un éveillé et saint descendit du ciel. Il cria avec force et dit ainsi : « Abattez l'arbre et cou-

---

(1) C'est donc le nom de Bel-Mardouk, le dieu principal de Babylone, qui est sous-entendu dans la prière qui constitue ce nom de Balatsou-oussour, « Protége sa vie ! »

(2) L'exemplaire sur lequel a été faite la version des Septante omettait tout ce qui est compris depuis les mots « et je rendis un ordre » jusqu'ici.

« pez-en les branches ; faites tomber le feuillage et dispersez
« les fruits ; et que fuient les animaux qui sont par-dessous et les
« oiseaux de ses branches. Mais laissez dans la terre la souche
« à laquelle tiennent les racines, qu'elle soit dans des liens de
« fer et d'airain dans l'herbe de la campagne, qu'elle soit trem-
« pée de la rosée du ciel, et qu'elle partage avec les animaux
« l'herbe de la terre ; que son cœur d'homme soit changé et
« qu'il lui soit donné un cœur de bête, et que sept temps passent
« sur lui. Cette sentence est par le décret de ceux qui veillent,
« cette demande la résolution des saints, jusqu'à ce que les vi-
« vants sachent qu'il y a un Très-Haut qui gouverne l'empire
« des hommes, qu'il le donne à qui il lui plaît et qu'il y institue
« le plus humble des hommes. » Voilà le songe que j'ai vu, moi
le roi Nabuchodorossor ; quant à toi, Balatsoussour, dis-en l'explication, puisque tous les docteurs de mon royaume ne peuvent
m'en révéler l'interprétation ; toi, tu le peux, car l'esprit des
dieux saints est en toi. »

Alors Daniel, dont le nom est Balatsoussour, demeura stupé-
fait quelque temps, et ses pensées le troublaient. Le roi reprit
et dit :

« Balatsoussour, que le songe et l'explication ne te troublent
pas. »

Alors Balatsoussour répondit et dit :

« Seigneur, que ton songe soit pour tes ennemis et la signification pour tes adversaires ! L'arbre que tu as vu, qui croissait
et devenait fort, qui croissait et atteignait le ciel et qu'on voyait
de toute la terre, dont le feuillage était beau et les fruits abondants, en qui il y avait de la nourriture pour tous, sous lequel
s'abritaient les animaux des champs, et dans les branches duquel demeuraient les oiseaux du ciel, c'est toi ! ô roi, qui t'es
élevé et accru, et ta grandeur est montée et a atteint jusqu'au
ciel, et ta domination jusqu'à l'extrémité de la terre. De ce
que le roi a vu un éveillé et saint descendre du ciel disant :
« Abattez l'arbre et mettez-le en pièces, mais laissez dans la
« terre la souche où sont les racines, dans des liens de fer et

« d'airain, dans l'herbe du champ ; qu'elle soit trempée de la
« rosée du ciel ; que sa part soit avec les animaux des champs,
« jusqu'à ce que sept temps aient passé sur elle ! » en voici
l'explication, ô roi, et c'est la sentence du Très-Haut qui arrive
à mon maître, le roi.

« On te repoussera du milieu des hommes, ta demeure sera
en compagnie des animaux des champs, tu mangeras de l'herbe
comme les bœufs, la rosée du ciel te trempera, et sept temps
passeront sur toi, jusqu'à ce que tu saches que le Très-Haut
gouverne l'empire des hommes et qu'il le donne à qui il veut.
Mais puisqu'on a dit de laisser la souche des racines de l'arbre,
ton royaume te restera, dès que tu reconnaîtras que le ciel gouverne. C'est pourquoi, ô roi ! puisse mon conseil te plaire ! Rachète tes péchés par la justice et tes transgressions par la miséricorde envers les malheureux ; peut-être y aurait-il ainsi un remède à tes fautes. »

Tout cela arriva au roi Nabuchodorossor. Au bout de douze mois, comme il se promenait sur (les terrasses du) palais royal de Babylone (1), le roi commença et dit : « N'est-ce pas là cette grande Babylone que j'ai bâtie pour la demeure de ma royauté dans ma grande force, et pour la gloire de ma magnificence ? »

La parole était encore dans la bouche du roi qu'une voix tomba du ciel :

« Il t'est dit, roi Nabuchodorossor, ta royauté te sera enlevée ; on te repoussera du milieu des hommes, ta demeure sera en compagnie des animaux des champs, tu mangeras de l'herbe comme les bœufs, et sept temps passeront sur toi, jusqu'à ce que tu saches que le Très-Haut gouverne l'empire des hommes et qu'il le donne à qui il veut. »

Au même moment la parole s'accomplit sur Nabuchodorossor ;

---

(1) C'est également du haut des terrasses de son palais que Nabuchodorossor prophétise au peuple dans la légende conservée par Abydène : *Fragm.* 9, ed. C. Müller.

il fut repoussé du milieu des hommes, il mangea de l'herbe comme les bœufs, son corps fut trempé de la rosée du ciel, jusqu'à ce que ses cheveux crûrent comme les plumes aux aigles et ses ongles comme ceux des oiseaux.

Et, après le terme des jours, moi, Nabuchodorossor, je levai mes yeux vers le ciel, et ma raison me revint; je bénis le Très-Haut, je louai et glorifiai Celui qui vit éternellement, Celui dont la domination est une domination éternelle et dont l'empire dure de génération en génération. Tous les habitants de la terre ne comptent pour rien; il agit suivant sa volonté avec l'armée du ciel et les habitants de la terre; il n'y a personne pour résister à sa main et lui dire : « Que fais-tu? »

En ce temps ma raison me revint; la dignité de ma royauté, ma magnificence, ma splendeur, me revinrent; mes conseillers et mes grands me recherchèrent; je fus rétabli dans ma royauté, et une puissance plus grande me fut accordée. Maintenant, moi, Nabuchodorossor, je loue, j'exalte et je glorifie le roi du ciel, dont toutes les œuvres sont vraies, dont les voies sont la justice, et qui peut humilier ceux qui marchent avec orgueil.

C'est là ce que, dans les vieilles Bibles en images et malheureusement encore dans bien des petites Histoires saintes de nos jours, on appelle « Nabuchodonosor changé en bête »! car un zèle ignorant n'a pas épargné les travestissements ridicules aux récits bibliques. Dans la réalité, il s'agit très-clairement, avec quelques expressions un peu poétiques, d'un cas de la forme de démence bien connue des aliénistes sous le nom de *lycanthropie*. Que Nabuchodorossor, qui était du reste un fort grand roi, ait subi dans les dernières années de son règne un accès de ce mal, aucune autre autorité, sans doute, ne nous l'apprend; mais le fait n'a rien en lui-même d'absolument inadmissible. Nos renseignements sur les événements du règne de ce prince sont encore très-incomplets, d'autant plus qu'une mauvaise chance a fait que jusqu'à présent aucune inscription proprement historique de lui n'a encore été retrouvée. Ainsi nous n'avons pas une ligne épigraphique sur ses conquêtes (1); les quelques inscriptions que l'on possède sont exclusivement relatives à ses constructions. Les trois quarts de ce que nous savons des guerres de Nabuchodorossor reposent sur des narrations de la Bible qu'on ne peut pas plus contrôler que le fait de sa folie momentanée, relaté dans le livre de Daniel. Celui-ci devra donc être aussi bien accepté que les autres, si l'autorité du livre, et spécialement du chapitre dans lequel il se trouve, n'est pas viciée par quelque circonstance différente.

Il y a même plus, et, suivant une judicieuse remarque de M. Oppert (2), la folie temporaire de Nabuchodorossor fournit la seule solution acceptable pour un problème historique que nous offrent les inscriptions cunéiformes. Nergalsarossor, le gendre du destructeur de Jérusalem, qui détrôna au bout de deux ans, pour s'emparer de la couronne, son beau-frère Amil-Mardouk (Évilmérodach), seul fils de Nabuchodorossor, — Ner-

---

(1) Rien du moins qu'une liste de huit pays vaincus, et parfaitement inconnus d'ailleurs, dans l'inscription dite du Baril de Phillips.
(2) *Expédition en Mésopotamie*, t. I, p. 186.

galsarossor, dans ses inscriptions officielles, donne à son propre père Bel-zikir-iskoun (1) le titre de « roi de Babylone ». Mais dans la liste royale, que nous avons complète pour cette époque, il n'y a pas place pour ce nom. Force est donc d'admettre qu'en attribuant le titre de roi à son père, Nergalsarossor, une fois parvenu au trône, a voulu donner un caractère légitime à une tentative passagère d'usurpation de celui-ci, survenue pendant le règne de Nabuchodorossor et trop courte pour avoir trouvé place dans le Canon de Ptolémée, lequel omet systématiquement les personnages qui n'ont exercé le pouvoir que quelques mois. Un essai d'usurpation n'était pas chose facile sous un règne aussi puissant que celui de Nabuchodorossor ; il n'a guère pu se produire qu'à la faveur d'une circonstance telle que l'accès de démence du monarque.

Le roi Nergalsarossor paraît avoir été le petit-fils d'un autre Nergalsarossor qui apparaît dans Jérémie (2) comme revêtu, à l'époque de la prise de Jérusalem, du titre de *rubu-emga* (3), « chef glorieux » (transcrit dans

---

(1) Ou Bel-soum-iskoun ; les deux lectures sont également possibles.
(2) xxxix, 3.
(3) La qualification de *emga*, « glorieux, » d'origine accadienne, paraît avoir appartenu à tous les docteurs d'un rang élevé ; c'est pour cela qu'un certain nombre d'écrivains antiques ont placé des mages à Babylone, sans que ce nom eût rien à voir avec l'iranien *Magus*, appellation des mages de Médie. En combinant ce mot, naturalisé en assyrien, avec le sémitique *rubu*, « chef, » on a fait *rubu-emga* (voy. mon travail sur *La langue primitive de la Chaldée*, p. 367). De même, en combinant

la Bible *rab-mag*), titre que porta aussi le père de Nabonahid (1), et qui paraît avoir été celui du chef de la caste sacerdotale. Il était donc le petit-fils de ce chef des Chaldéens, entendus comme caste, qui avait exercé régulièrement, et par le droit de sa situation, la lieutenance du pouvoir suprême pendant l'intervalle entre la mort de Nabopolassar et le retour à Babylone de Nabuchodorossor, alors engagé dans une expédition en Syrie (2). Tout était héréditaire dans la caste des Chaldéens; par conséquent, le fils du premier Nergalsarossor, Bel-zikir-iskoun, devait avoir le même rang que son père. Quand le roi se trouva *empêché* par la folie, c'est à lui que revint de droit l'exercice de l'autorité suprême comme régent. Qu'il ait essayé de transformer cette régence en royauté formelle, cela n'a rien en soi que de vraisemblable (3). Je dirai même plus, certaines expressions du texte biblique

---

l'accadien *sak*, « officier, » passé en assyrien, avec le sémitique *rab*, « grand, » on a fait *rab-sak*, titre de grand-maître de l'état-major.

La langue assyrienne a emprunté beaucoup de titres de fonctions à l'accadien, entre autres ceux des grades militaires :

Sak, officier ;
Sud-sak, officier supérieur ;
Rab-sak, chef d'état-major ;
Turtan, généralissime.

(1) *La langue primitive de la Chaldée*, p. 364 et suiv.; W. A. I. I, 68, 2 et 3.

(2) Beros. *Fragm.* 14, ed. C. Müller.

(3) Josèphe (*Ant. Jud.* X, 10, 6) semble bien contredire cette hypothèse quand il dit que « personne n'osa prendre la direction des affaires » pendant la folie de Nabuchodorossor, qu'il porte à sept ans. Mais il est facile de se convaincre qu'il n'avait pas ici d'autres renseignements que nous et qu'il parle uniquement d'après le livre de Daniel.

paraissent assez clairement impliquer une usurpation pendant la folie du roi; usurpation à laquelle mit fin son retour à la raison : « Ma raison me revint ; la dignité de ma royauté, ma magnificence, ma splendeur me revinrent; mes conseillers et mes grands me recherchèrent ; *je fus rétabli dans ma royauté.* » Mais si l'on adopte cette explication, il est évident qu'on ne saurait, avec la majorité des interprètes jusqu'à ce jour, entendre de sept années les *sept temps* dont parle le chapitre de Daniel ; la folie du roi a dû être en réalité très-courte. L'expression vague employée dans le texte pourrait, du reste, s'entendre aussi bien de sept mois ; et avec cette durée on comprendrait comment l'usurpation de Bel-zikir-iskoun ne serait pas mentionnée dans le Canon de Ptolémée ; il y en aurait une double raison : son illégitimité, qui dut faire rayer le nom de l'usurpateur des listes royales, puis sa durée inférieure à un an.

Ainsi le fait de la démence de Nabuchodorossor, qui forme le sujet du chapitre IV de Daniel, se justifie aux yeux de l'histoire, et tout semble indiquer que nous avons encore là une des données parfaitement exactes et infiniment précieuses que ce livre est seul à enregistrer. Mais ce n'est pas encore assez. Que devons-nous penser de la rédaction même du chapitre qui a conservé ce souvenir ?

Ici, je crois qu'il faut reconnaître en même temps deux choses.

Il est impossible, quelque bonne volonté qu'on y apporte, d'admettre que nous ayons ici la reproduction pure et simple d'un acte émané de Nabuchodorossor. La main du rédacteur juif se sent en trop d'endroits, et il y a bien des choses contraires aux habitudes et au style des documents originaux assyriens et babyloniens. Si Nabuchodorossor fut réellement fou pendant quelques mois, et si cette folie donna lieu à une usurpation, il est certain que le fait aura été mentionné dans les annales de son règne. Mais on ne saurait croire qu'il y ait insisté de cette façon sur l'état d'abjection dans lequel il était tombé. Aucun de ceux qui ont pratiqué les documents indigènes et qui connaissent l'esprit de leur rédaction, ne pourrait l'accepter. C'est ici qu'on distingue surtout la part personnelle de l'écrivain juif, se complaisant à représenter le tout-puissant dévastateur de sa patrie avili jusqu'à être semblable aux animaux.

Mais, d'un autre côté, il ne me semble pas moins impossible que le récit ait été composé de toutes pièces par cet écrivain juif. Même pour raconter à sa manière un fait historique, si la narration était entièrement son œuvre personnelle, il y aurait donné en bien des endroits une autre couleur. Il aurait attribué un caractère formel à la conversion de Nabuchodorossor; il lui aurait fait proclamer en termes précis la puissance du Dieu de Daniel, comme à la fin du chapitre III il lui fait rendre un hommage formel au Dieu des trois jeunes gens sortis de la fournaise. Il n'eût pas laissé, à côté des magnifiques expressions qui célèbrent la grandeur d'un dieu suprême, mentionner « son dieu » Bel-Mardouk, d'après lequel Daniel a été nommé, et parler de « l'esprit des dieux saints », que le voyant porte en lui. Surtout il n'eût pas manqué de placer dans sa bouche un regret, un repentir pour le mal fait à Jérusalem et la destruction du temple de Jéhovah. Il l'eût fait parler, sous ce rapport, comme les livres de Macchabées font parler Antiochus Épiphane mourant.

Que si nous nous mettions à étudier le texte même de ce chapitre IV de Daniel en pesant chaque expression l'une après l'autre, en nous livrant à un minutieux examen philologique, nous y verrions avec étonnement deux faits exactement parallèles. A côté de passages où la main et l'esprit de l'écrivain juif sont évidents, où l'expression comme la pensée sont en désaccord complet avec les habitudes constantes des rédactions officielles des rois d'Assyrie ou de Babylone, il en est d'autres, particulièrement jusqu'au verset 16 et à partir du verset 31 jusqu'à la fin, où l'on sent encore, même au travers de deux versions successives, d'abord hébraïque, puis araméenne, le cachet d'une rédaction primitive assyrienne. En certains endroits, tandis que je traduisais le texte araméen, je voyais transparaître par-dessous des phrases assyriennes, et ce serait un travail facile que de placer à côté de chaque expression de quelques versets des expressions assyriennes correspondantes, empruntées à des textes épigraphiques connus.

Je crois donc que le rédacteur juif de la première partie

du livre de Daniel avait sous les yeux, en composant le chapitre IV, un document historique réellement babylonien, peut-être un fragment des annales de Nabuchodorossor, et qu'il l'a paraphrasé conformément à son propre esprit, en y introduisant des idées nouvelles et surtout en s'appesantissant sur des circonstances que le document ne devait indiquer que discrètement. La comparaison du texte des Bibles hébraïques et de celui des Septante semble même indiquer que la paraphrase a été en se développant dans les récensions successives du livre, car les Septante n'ont pas connu les versets 3-6, qui sont comme une réminiscence et une imitation des circonstances du chapitre II, où déjà Daniel n'est consulté que lorsque les devins officiels ont été impuissants à parler. Les versets 17-30 doivent, je crois, être en entier attribués à la composition du rédacteur juif, et remplacent sans doute quelques phrases très-brèves où le document indigène indiquait la maladie du roi, en la palliant autant que faire se pouvait. Mais il me paraît qu'en même temps l'écrivain, dans son travail, a conservé presque textuellement certains passages des annales babyloniennes qui lui servaient de point de départ. Et je n'hésite pas à attribuer ce caractère, d'une façon presque affirmative, au premier récit du songe (versets 7-14) et à la glorification de la puissance divine qui remplit les versets 31 à 33. C'est spécialement ce dernier passage dont toutes les phrases, pour ainsi dire, se retrouvent dans des inscriptions assyriennes et surtout dans les hymnes, si voisins quelquefois par leur accent des Psaumes hébraïques, dont plusieurs recueils ont vu leurs débris parvenir jusqu'à nous.

On objectera peut-être le ton d'humilité et de repentir qui y contraste avec l'orgueil triomphant des monuments épigraphiques de Nabuchodorossor parvenus jusqu'à nous, et en particulier de cette grande inscription dite de la Compagnie des Indes, qu'on peut résumer par la phrase même qui, dans notre chapitre biblique, amène sur le roi le châtiment céleste : « N'est-ce pas là cette grande Babylone que j'ai bâtie pour la demeure de la royauté dans ma grande force, et pour la gloire de ma magnificence? » Mais ce sentiment repentant et humble envers la Divinité, qui a quelque chose de si noble, n'était pas étranger aux rois d'Assyrie et de Babylone, même aux plus orgueilleux. Ils savaient faire un retour sur eux-mêmes et s'avouer pécheurs sous les coups qui les frappaient. N'avons-nous pas cette admirable prière d'Assourbanipal, un roi qui pourtant ne le cède pas en orgueil à Nabuchodorossor dans ses autres documents?

Que le regard de sollicitude qui brille dans ta face éternelle dissipe ma tristesse, et que jamais n'approchent de moi la fureur et le courroux du Dieu.

Que l'absolution de mes transgressions et de mes péchés me réconcilie avec lui, moi qui suis son serviteur.

Que de ta face puissante vienne mon secours.

Qu'il brille comme le ciel et me comble de félicités et de richesses!

Qu'il abonde comme la terre en félicité et en biens innombrables (1) !

Ne voyons-nous pas ailleurs le dernier roi de Babylone, Nabonahid, au spectacle des orages qui commencent à s'amonceler du côté de la Perse et menacent sa couronne, dire dans une inscription officielle (2) en s'adressant au Dieu Sin?

Quant à moi, Nabonahid, dans mon état de péché envers sa grande divinité, sauve-moi, accorde-moi généreusement la prolongation de ma vie jusqu'à des jours reculés!
Et pour ce qui est de Belsarossor, mon fils aîné, le rejeton de mon cœur, inspire-lui dans son cœur la dévotion à ta grande divinité ; que jamais il ne se laisse aller au péché et ne se plaise à la prévarication!

Les magnifiques expressions qui, dans les versets du chapitre IV de Daniel, décrivent la puissance du Très-Haut, sont employées dans l'inscription de la Compagnie des Indes et dans les autres monuments de Nabuchodorossor pour exalter Bel-Mardouk, le protecteur spécial de Babylone, celui qu'au verset 5 le roi appelle « mon dieu », et envers lequel, en effet, il proclame partout sa dévotion en termes éclatants. Je n'aurais donc pas d'objection fondamentale à opposer à celui qui prétendrait qu'ici le rédacteur a quelque peu forcé la note du docu-

---

(1) Musée Britannique, tablette K. 163.
(2) W. A. I. I, 68, 1, col. 2, l. 19-31.

ment qu'il avait sous les yeux, en y supprimant le nom du dieu babylonien Bel-Mardouk pour donner aux louanges qui le glorifiaient le caractère d'une reconnaissance du vrai Dieu. Seulement j'ajouterais qu'en agissant ainsi l'écrivain hébreu n'a peut-être pas, autant qu'on pourrait le croire, altéré l'esprit du texte original.

Une foule d'indices très-significatifs dans les textes établissent qu'au temps de Nabuchodorossor la doctrine philosophique et religieuse des écoles sacerdotales de Babylone et de la Chaldée était en véritable travail. La notion de l'unité de la substance divine, dont les différents dieux du Panthéon n'étaient que des hypostases plutôt que des êtres absolument distincts, avait toujours existé dans la religion chaldéo-babylonienne, qui ne peut se comprendre sans en tenir compte ; mais elle y était à l'état de germe, encore mal définie. C'est précisément à l'époque des débuts du nouvel empire chaldéen que, par un progrès très-remarquable de la pensée religieuse, la notion d'un premier et unique principe, supérieur à tous les dieux, qui tous en émanent, commença à se dégager nettement, grâce à l'emploi d'une terminologie philosophique indépendante des noms symboliques des dieux. A ce point de vue, les inscriptions de Nabuchodorossor présentent les expressions les plus curieuses. Alors se montre pour la première fois, avec des traits précis et un culte formel, le personnage d'Ilou, le dieu par excellence, le dieu absolu, qui couronne l'échelle de la hiérarchie divine et laisse échapper de son sein toutes les émanations, le Un et le Bon, premier principe d'où sortent les triades supérieures des dieux (1). Dans la fameuse école d'Érech ou Orchoé, du temps des Séleucides, cette conception était parvenue au dernier degré de précision, puisqu'on avait été jusqu'à adopter l'expression de « Dieu Un », qui entre alors comme élément dans des noms propres de docteurs orchoéniens (2). On n'avait pas encore été si loin, paraît-il, à l'époque de Nabuchodorossor, et surtout ce roi, dans sa dévotion spéciale à Mardouk, tendait personnellement à donner une autre forme à l'expression de l'idée religieuse en progrès. Avant lui, les Assyriens avaient attribué à leur dieu national Assur le caractère d'un *deus exsuperantissimus*, père et maître de tous les autres dieux, et sa supériorité était tellement accusée par eux, qu'on ne peut y méconnaître un puissant effort vers le monothéisme, malgré la conservation du peuple de dieux, inférieurs à Assur, que la Babylonie avait communiqués à l'Assyrie. Nabuchodorossor essaya de faire de son Mardouk ce que les Assyriens avaient fait de leur dieu national, de le présenter et de le faire admettre par ses sujets comme un dieu de beaucoup supérieur à tous les autres, comme le premier principe, et d'attacher à son nom les notions d'unité de l'être divin primordial plus formellement conçues qu'au-

---

(1) Anonym. *Compend. de doctr. Chaldaic.*, dans Stanley, *Histor. philosoph*. t. II, p. 1125.

(2) Voy. mon *Essai sur un document mathématique chaldéen*, notes, p. 98 et suiv.

paravant, qui se dégageaient dans les spéculations religieuses du sacerdoce. Aussi prodigue-t-il à Mardouk des titres qui ne lui ont jamais été assignés auparavant, et qui donnent à sa physionomie, dans les inscriptions de Nabuchodorossor et rien que dans ces inscriptions, un aspect de divinité absolue, de dieu sans égal, encore plus prononcé peut-être que n'a jamais été celui d'Assur. Dans la seule inscription de la Compagnie des Indes, il le qualifie de « maître suprême, premier-né, supérieur à tous les dieux, dieu conservateur du ciel et de la terre, dieu seigneur, sublime maître des dieux, » en même temps qu'il se déclare « le propagateur de son culte », et il va jusqu'à l'identifier formellement au mystérieux Ilou.

L'écrivain juif du livre de Daniel était donc en droit de considérer cette notion religieuse, exprimée à chaque pas dans les documents de Nabuchodorossor, comme une tendance réelle vers le monothéisme et comme un progrès sur les croyances babyloniennes antérieures. Il lui était même permis, dans une certaine mesure, de la dégager du nom idolâtrique auquel l'attachait le roi de Babylone. Il pouvait considérer Mardouk, tel que l'adorait et le proclamait Nabuchodorossor, environ de la même manière que le rédacteur du livre d'Esdras a envisagé l'Ahouramazdâ des Perses, comme une sorte d'imparfaite représentation du vrai Dieu, supérieure à la foule des idoles de la religion babylonienne. Et il était naturel qu'il fît honneur de ce progrès, bien qu'insuffisant, à l'influence exercée sur l'esprit du roi par un de ses compatriotes, par le voyant inspiré dont il racontait l'histoire (1).

On doit remarquer, du reste, que toutes les fois que l'auteur du livre fait parler directement Nabuchodorossor et semble avoir la prétention de citer un écrit émané du roi, on n'y trouve rien de plus que cette reconnaissance d'un dieu suprême, d'un premier principe supérieur à tous les autres dieux. Il n'y a non plus rien d'autre, rien de plus précis dans le sens du monothéisme tel que l'entendait les Juifs dans les versets 31-33 du chapitre III (2). La défense de blasphémer le dieu de Schadrach, Meschach et Abad-Nébo (III, 29) n'est pas donnée de même (3), non plus que le verset (I, 47) où le roi,

---

(1) Une partie des critiques vont jusqu'à nier l'existence historique du personnage de Daniel. Il est certain qu'elle dépend presque entièrement de la question de savoir si le livre qui porte son nom renferme ou non assez d'éléments exacts pour que l'histoire doive en tenir compte, ce qui est la thèse que je soutiens. Quant aux mentions qu'Ezéchiel (XIV, 13 et 19; XXVIII, 3) fait d'un Daniel, il y a des difficultés sérieuses, très-habilement mises en lumière par M. Ewald (*Die Propheten*, t. II, p. 560), à ce qu'on les rapporte au Daniel contemporain de Nabuchodorossor; pourtant M. Delitzsch (dans son article de l'Encyclopédie de Herzog, p. 271) a montré qu'elles n'étaient pas insurmontables.

(2) Il me semble, du reste, qu'ici la coupure des chapitres n'a pas été bien faite, et que ces trois versets devaient former, à l'origine, le début du document du chapitre IV.

(3) Au reste, cette défense, en elle-même, ne prouve rien de plus que la façon dont les Assyriens, dans tous leurs documents, parlent des dieux étrangers; ils les acceptaient pour des dieux, mais en les subordonnant à la toute-puissance d'Assur. De même Nabuchodorossor, frappé du prodige qu'il vient de voir, admet que le dieu des trois jeunes

frappé de la sagesse de Daniel, lui dit que son dieu est le dieu des dieux ; ces deux endroits appartiennent au cours du récit, où l'écrivain, même voisin des événements, a dû les présenter à son point de vue particulier.

VI

Restent, après l'examen rapide que nous venons de faire des six premiers chapitres de Daniel, et en laissant de côté la question des miracles, sur laquelle je dirai quelques mots dans un instant, restent deux choses seulement qui me paraissent historiquement impossibles dans ces chapitres. Mais ces deux impossibilités portent sur des détails où l'on est en droit de voir des corruptions postérieures du texte.

C'est d'abord le nombre, évidemment exagéré, des cent vingt satrapies établies par Darius le Mède dans son royaume (VI, 2), surtout si l'on doit voir en lui un prince vassal installé par Cyrus à Babylone. Celui qui a intro-

---

gens est un dieu réel, et comme tel il défend de le blasphémer ; mais il n'en fait aucunement le dieu unique, ni même le dieu suprême. La nuance est importante à noter, car elle est toute en faveur du livre.

duit cette leçon dans le texte pensait peut-être aux vingt grandes satrapies organisées dans l'empire perse par Darius fils d'Hystaspe. Au reste, l'altération et le grossissement d'un nombre est un fait qui s'est produit sous le calame des copistes successifs dans beaucoup d'endroits de la Bible. Les commentateurs les plus orthodoxes admettent la fréquence de ce genre d'altérations.

Vient ensuite le passage (v, 11) où il est dit que Nabuchodorossor avait établi Daniel « chef des conjurateurs, des théosophes, des astrologues et des devins. » Il est évident qu'un Juif aussi fidèle observateur de la loi que le livre même dépeint Daniel n'aurait pas pu accepter ces fonctions essentiellement païennes, et que, d'un autre côté, les docteurs chaldéens, si fiers de la pureté de leur origine (1) et constitués en caste héréditaire, n'auraient pas supporté qu'on plaçât à leur tête un étranger, surtout faisant profession d'une autre religion qu'eux. Je n'hésite donc pas à considérer comme une interpolation relativement récente, dans le chapitre V, le second membre du verset 11 et le premier du verset 12, qui l'explique, aussi bien que le verset 6 du chapitre IV, où Daniel est appelé « Balatsoussour, chef des conjurateurs, » verset qui, nous l'avons constaté, n'existait pas encore dans le texte sur lequel les Septante ont fait leur traduction. La vraie leçon des titres décernés par Nabuchodorossor à Daniel me paraît être dans le verset 48 du cha-

---

(1) Diod. Sic. II, 29.

pitre II, où il n'est parlé que de fonctions administratives. Et là même encore, je crois qu'on a introduit par interpolation une mention des « docteurs », qui n'est pas du tout à sa place et dénature le sens véritable du texte. On en jugera par la traduction du verset en question, où j'ai placé entre crochets les mots que je crois ajoutés postérieurement par une main ignorante et maladroite :

Alors, le roi éleva Daniel et lui fit des dons considérables, et il l'établit au gouvernement de la province de Babylone, comme chef des gouverneurs de districts (*sakan*) sur [tous les docteurs de] Babylone.

Il me semble que la mention des docteurs n'a pu s'introduire ici qu'après que le sens administratif réel du titre assyrien de *sakan* a été oublié.

VII

Résumons les conclusions qui ressortent des remarques précédentes.

Les six premiers chapitres de Daniel retracent un tableau très-exact de la cour de Babylone sous Nabuchodorossor et ses successeurs ; ils ont une valeur historique considérable et que leur comparaison avec les textes cunéiformes ne rend plus possibles à contester.

Ils ont dû, par conséquent, être écrits à une époque encore rapprochée des personnages dont ils parlent, et on ne saurait y voir, conformément à l'opinion dominante dans l'école de l'exégèse rationaliste, une composition factice du temps d'Antiochus Épiphane.

Il semble même que l'auteur y ait mis en œuvre, en les paraphrasant et en les présentant à son point de vue, certains documents babyloniens originaux, peut-être des passages des annales officielles de Nabuchodorossor.

Si donc la rédaction araméenne des chapitres II à VI, telle que nous la possédons seule, renferme des mots grecs qui semblent reporter après Alexandre, c'est qu'elle n'est probablement que la traduction d'un texte hébraïque primitif, conservé seulement pour le chapitre Ier et perdu de très-bonne heure pour les autres.

Ce premier texte hébraïque doit avoir été écrit sous les Achéménides, sans qu'on puisse en préciser davantage la date; et cette époque est indiquée d'une manière tout à fait caractéristique par la substitution de titres persés aux titres assyriens désignant certains fonctionnaires administratifs, titres dont les formes perses ont été conservées par le traducteur araméen, qui pourtant travaillait sous les Séleucides.

Ces conclusions, on le voit, conduisent précisément à la donnée du Talmud que le livre de Daniel date du temps de la Grande-Synagogue.

Elles s'accordent très-bien en même temps avec la double allusion que le discours de Mathathias mourant à ses fils (1) fait à des épisodes du livre de Daniel et précisément à des épisodes compris dans les six premiers chapitres. Cette mention n'est pas compatible avec la composition du livre inventé de toutes pièces au temps d'Antiochus Épiphane ; aussi ceux qui soutiennent l'opinion renouvelée de Porphyre font-ils de grands efforts pour l'écarter du débat. « Voir là, comme on l'a fait, dit-on, un témoignage en faveur de l'authenticité du livre, est chose absurde et insensée. Pour conclure ainsi, il faudrait que ce discours nous eût été conservé avec une fidélité sténographique (2). » C'est là rejeter d'une manière bien tranchante et sans preuves suffisantes un témoignage grave, qui se trouve dans un des livres de la Bible auxquels ceux mêmes qui écrivent ces paroles sont obligés de reconnaître le plus de valeur historique. Sans doute les dernières paroles de Mathathias n'ont pas dû être recueillies par un sténographe ; mais elles avaient quelque chose de trop solennel pour que la mémoire des contemporains ne les ait pas conservées avec une grande fidélité, et la vraisemblance est du côté de ceux qui admettent qu'à peine plus de soixante ans après, l'écrivain du premier livre des Macchabées devait en connaître exactement, sinon les termes mêmes, du moins la teneur essentielle. A une aussi courte distance de temps, les

---

(1) I Macchab. II, 59 et 60.
(2) Th. Nœldeke, *Histoire littéraire de l'Ancien Testament*, trad. franç. p. 339.

témoins ne devaient même pas encore avoir tous disparu, et ces paroles étaient assez brèves pour n'avoir pas été exposées à trop de chances d'altération. Admettons que, pour l'existence du livre comme canonique à l'époque de Mathathias, elles ne constituent qu'un commencement de preuve; je le veux bien. Mais pour la rejeter on n'a même pas un argument de la même valeur.

Pour celui que l'on tire de l'omission du nom de Daniel dans la liste des prophètes que donne le chapitre XLIX de la Sagesse de Jésus fils de Sirach, il est très-faible. Que prouve-t-il en effet? C'est que dès lors le livre de Daniel est classé, non parmi les livres prophétiques, mais comme il était resté dans le Canon juif, parmi les Hagiographes, à cause de son caractère particulier, bien plus apocalyptique que prophétique à l'ancien sens du mot. Cette explication est tellement simple et naturelle, qu'il faut bien de la préoccupation pour en chercher une autre.

VIII

Quant à l'argument qui consiste à refuser à un tel écrit un caractère authentique et une valeur sérieuse pour l'histoire à cause des miracles qui s'y présentent à chaque page : les trois jeunes gens dans la fournaise, Daniel préservé dans la fosse aux lions, la main mystérieuse écrivant les mots fatidiques sur la muraille au milieu du festin de Belsarossor, etc., je le repousse de toute mon énergie comme un argument absolument faux, étranger aux sphères sereines de la science pure. Ce n'est pas seulement comme chrétien que je le rejette, c'est surtout comme érudit, et au nom d'un principe de critique qui, à mes yeux, doit être le même dans l'étude des Livres saints et dans celle de tout autre document écrit de l'antiquité.

« La plupart des faits racontés dans le livre tiennent de la fable et n'ont pu s'accomplir. Qu'on songe seulement aux trois jeunes hommes délivrés du feu et aux autres merveilles aussi extravagantes (1). » Voici un argument dont je n'admets pas qu'on ait le droit de se servir en bonne critique contre l'authenticité d'un livre, quand bien même on nie la possibilité du miracle et on ne voit là que des « merveilles extravagantes ». Autre est la question de savoir si certains faits racontés dans un écrit doivent être tenus pour croyables ou rapportés à des illusions; autre la question de la date de l'écrit en lui-même.

Quelque opinion que l'on professe sur le surnaturel et le miracle, il est impossible de nier que l'on possède même de nos jours bien des récits de prodiges aussi extraordinaires que ceux du livre de Daniel, émanant de contemporains et d'hommes qui se déclarent témoins oculaires.

---

(1) Th. Nœldeke, ouvr. cit. p. 330.

On peut dire, et on ne s'en fait pas faute, qu'ils trompent ou qu'ils se sont trompés ; c'est affaire d'appréciation du fait en lui-même et de la créance que mérite le narrateur. Mais on ne saurait pour cela qualifier son récit de légende postérieure et en contester l'authenticité matérielle. Avec l'argument qu'on emploie ici contre Daniel ou tel autre livre de la Bible, je me ferais fort de démontrer que l'ouvrage de M. La Serre sur *Notre-Dame de Lourdes* n'a pu être composé qu'au vingt et unième ou au vingt-deuxième siècle.

Toute critique impartiale et réellement scientifique des textes doit laisser en dehors et réserver exclusivement pour la critique des faits pris en eux-mêmes — qui ne sauraient sans inconvénient se confondre avec elle — la question du miracle. Elle n'a ni à la résoudre ni même à la soulever. Pour elle, si elle ne se laisse pas égarer par des théories faites à l'avance et étrangères à son domaine, un écrit contemporain des événements qu'il raconte peut être rempli de faits miraculeux ; il suffit pour cela qu'à l'époque où il a été composé on ait cru aux miracles. Et les convictions personnelles du critique ne doivent pas influencer son jugement.

En voici, ce me semble, un éclatant exemple, qui a l'avantage inappréciable d'être absolument indépendant de toute question religieuse et de ne toucher aux miracles ni de la Bible ni du christianisme. Il ne peut donc pas y avoir à son égard de divergence d'appréciations entre chrétien et libre penseur.

Est-il un seul livre de la Bible où nous trouvions plus de miracles accumulés que dans le récit de la stèle hiéroglyphique de Ramsès XII, conservée à la Bibliothèque Nationale de Paris? Il y a d'abord la possession de la princesse Bent-Reschit; puis le dialogue qui s'établit du fond de leurs arches sacrées, en présence des prêtres, entre le dieu *Khons, tranquille dans sa perfection*, et sa forme inférieure, *Khons, conseiller de Thèbes*, à laquelle il communique par quatre fois sa vertu divine contre les esprits mauvais; vient ensuite la guérison de la princesse par l'attouchement de l'arche de Khons, apportée en Mésopotamie, guérison accompagnée des circonstances les plus merveilleuses, entre autres de discours que l'esprit possesseur tient par la bouche de la malade et où il avoue la puissance supérieure du dieu égyptien; enfin le récit se termine par la vision miraculeuse du chef de Bakhten, à la suite de laquelle il se décide à laisser repartir la barque sainte et l'arche de Khons pour l'Égypte. Personne ne croit aux miracles de « Khons, conseiller dans Thèbes. » Pourtant il n'est venu à l'idée de personne de contester l'authenticité du monument où s'en lit le récit. On dit seulement qu'il porte l'empreinte des croyances du temps; car ce n'est pas un livre légendaire ou du moins un livre qui ne nous soit parvenu qu'après plusieurs copies successives, c'est l'original même d'une inscription officielle gravée par les ordres du Pharaon, beau-frère de la princesse Bent-Reschit, aussitôt après le retour de l'arche du dieu dans son temple de Thèbes.

Que devient, en présence de cette page lapidaire, l'argument qui nie l'authenticité d'un écrit parce qu'il renferme des récits de miracles ?

Je ne demande qu'une chose à l'exégèse rationaliste, c'est d'avoir assez de bonne foi pour ne pas employer deux poids et deux mesures, et de juger le livre de Daniel ou tout autre des Livres Saints, malgré leurs miracles, au même point de vue que la stèle du monarque égyptien.

C'est peu demander ; mais ce peu, nous sommes en droit de l'exiger d'une critique qui prétende réellement à ce titre, et qui ne se mette pas aveuglément au service d'idées philosophiques préconçues. Une fois l'ancienneté et l'authenticité du livre reconnues par des preuves intrinsèques et extrinsèques, en dehors de toute préoccupation du caractère miraculeux de quelques-uns de ses récits, alors, mais seulement alors, nous pourrons discuter les miracles en eux-mêmes et leur crédibilité.

FIN DE L'APPENDICE

TABLE DES MATIÈRES

Chapitre premier. — Doctrine sur laquelle était fondée la divination des Chaldéens.

	Pages.
Période dans laquelle cet ouvrage prend la civilisation chaldéo-babylonienne...	1
Témoignages de Philon et de Diodore de Sicile sur la doctrine philosophique fondamentale des Chaldéens, celle qui servait de règle à leur science religieuse...........	3
L'astrologie et son développement................................	5
Recherches de présages et d'indices de l'avenir ailleurs que dans les astres...	11
La science de la divination et des présages terrestres, et les principes sur lesquels on croyait pouvoir l'appuyer......	12
Dans cette doctrine il n'y a pas de petits présages..........	13
Objet de la présente étude...	14

Chapitre II. — La bélomancie et les sorts.

Emploi pur et simple des sorts à côté de la divination savante et raisonnée..	17
Témoignage d'Ezéchiel sur les flèches mantiques extraites au hasard du carquois...	18

	Pages.
Le même usage chez les Arabes	19
Analogie avec les Sorts de Préneste	20
Les flèches du sort dans les représentations des cylindres.	21
La divination par les baguettes chez les peuples touraniens de l'antiquité	22
Chez la plupart des peuples primitifs	24
Usage spécial de la divination par les flèches chez les Chaldéens	25
La baguette divinatoire en Chaldée	26
Ses mentions dans la Bible	27
La baguette magique chez les Chaldéens	28
Divination par des flèches lancées au hasard	30
Traces du même usage dans la Bible	31

CHAPITRE III. — LA LITTÉRATURE AUGURALE DES CHALDÉENS.

Existence de nombreux livres sur la science proprement dite de la divination	33
Table des matières d'un ouvrage de cette nature qui faisait partie de la bibliothèque du palais de Ninive	Ibid.
Titres des quatorze chapitres sur les présages terrestres..	34
Titres des onze chapitres sur les présages célestes	37
Calendrier des mois favorables et défavorables aux expéditions militaires	40
Les deux grands traités d'astrologie et de divination compilés par l'ordre de Sargon Ier, roi d'Aganê	41
Le traité astrologique et les écrits de Bérose sur la même matière	43
Détails généraux sur le traité relatif à la divination et aux présages	47
Les deux classes de devins dans le livre de Daniel	49

CHAPITRE IV. — LES AUGURES ET L'ARUSPICINE.

Témoignage de Diodore de Sicile sur les différents procédés de la mantique chaldéenne	51
Les augures fournis par les oiseaux	52

TABLE DES MATIÈRES 231

	Pages.
Leur observation en Asie Mineure et chez les Arabes...	54
L'étude des entrailles des victimes...............	55
Textes sur l'examen augural du cœur...............	Ibid.
Des intestins.............................	56
Du foie et du poumon.........................	58
Propagation extérieure de l'aruspicine chaldéenne........	59

CHAPITRE V. — LES PRÉSAGES ET PRODIGES. SIGNES ATMOSPHÉRIQUES ET PRONOSTICS TIRÉS DU FEU, DE L'EAU ET DES PIERRES.

Les signes atmosphériques.....................	63
Les pluies................................	64
Les nuages...............................	Ibid.
Les vents................................	66
La foudre................................	67
Textes sur les diverses espèces de foudre admises par les Chaldéens................................	Ibid.
Analogies remarquables avec la discipline fulgurale des Étrusques...............................	70
Fragment d'un calendrier des présages des foudres pour chaque jour.............................	37
Calendriers analogues chez les Étrusques.............	74
Les tremblements de terre.....................	75
La divination par le feu.......................	76
Par les eaux...............................	77
La lécanomancie...........................	Ibid.
Description donnée par Psellus du rite assyrien de cette divination................................	80
Augures fournis par l'éclat des gemmes.............	81
L'oracle hébreu des Ourim et Thoummim.............	Ibid.

CHAPITRE VI. — SUITE DES PRÉSAGES ET PRODIGES. LES SIGNES TIRÉS DES ANIMAUX ET DES RENCONTRES FORTUITES.

Augures tirés des arbres......................	85
Faits analogues chez les autres peuples sémitiques........	86
Augures empruntés à différents animaux.............	87

	Pages.
Les serpents	88
Les chiens	92
Les mouches	95
Témoignage d'Iamblique sur les augures de cette classe chez les Babyloniens	96
Présages des rencontres fortuites	Ibid.
Présages des craquements dans les meubles	97
Les paroles entendues par hasard	98
Les auspices des pointes de lances	99
L'œcoscopie	100
Absence de tout renseignement sur la chiromancie et les divinations analogues	Ibid.

Chapitre VII. — Présages des naissances monstrueuses.

Importance exceptionnelle attachée par les Chaldéens à cet ordre de présages	103
Travail de M. Oppert	105
Les naissances monstrueuses chez les hommes et leur interprétation	106
Les naissances monstrueuses dans les familles royales	110
Les naissances monstrueuses chez les chevaux	111
Chez les chiens	112
Naissances d'animaux d'autre espèce que la mère	113
L'étrangeté de ces superstitions est moins grande qu'on ne pourrait croire d'abord	Ibid.
Importance attachée par les Romains aux *portenta* et en particulier aux naissances monstrueuses	114
Extraits de Julius Obsequens	116
L'interprétation des présages de ce genre venait à Rome des Étrusques	117
Étroite parenté de la mantique chaldéenne et de la mantique étrusque, et son importance dans la question des origines de la civilisation de l'Etrurie	118
Ce n'est que tard qu'une grande partie des procédés divinatoires, et les plus étranges, se sont répandus chez les Grecs	120
Le philosophe Diogène le Babylonien	121

TABLE DES MATIÈRES

Pages.

L'école gréco-babylonienne et les écrits qu'elle a produits. 122
Existence des tables d'observations de prodiges avant la rédaction des tables théoriques que nous possédons...... 123
Tables de ce genre pour les augures astrologiques........ 124

Chapitre VIII. — Les songes et leur interprétation.

L'interprétation des songes chez les Chaldéens............ 127
Fragment d'une tablette consacrée à cet objet............ 120
Le rite de l'incubation à Babylone...................... 138
Les voyants spécialement favorisés de songes prophétiques.. 131
Leur rôle dans l'épopée................................ Ibid.
L'oracle de la pyramide de Borsippa et son rapport avec l'incubation... 132
Celui de la pyramide de Babylone...................... 134
Les récits de songes dans les inscriptions historiques assyriennes... 135
Songe d'Assourbanipal au moment de la guerre contre Te-Oumman... Ibid.
Songe de Gygès.. 139
Autres songes mentionnés dans les annales d'Assourbanipal... 141
Rôle des songes dans l'histoire, du huitième au sixième siècle.. 142
Témoignages des écrivains classiques................... 143
La stèle égyptienne dite du Songe...................... 144
Témoignages de la Bible............................... 146
La véritable épidémie mentale qui règne à cette période de l'histoire est le résultat de l'influence des idées chaldéo-assyriennes................................. 148

Chapitre IX. — Les Pythons et la nécyomancie.

Idées chaldéo-babyloniennes sur l'autre vie............. 151
Épisode final de l'épopée d'Izdhubar................... Ibid.
Le démon de chaque homme............................. 153

	Pages.
L'apothéose de quelques élus.........................	153
Le sort commun, l'habitation dans le Pays sans retour....	154
Croyance aux vampires...............................	156
Pouvoir d'évocation des morts.........................	157
La nécyomancie chez les divers peuples antiques........	158
Son lien avec la ventriloquie..........................	159
Les Pythons chez les Grecs............................	161
Les Oboth ou Pythons dans la Bible...................	Ibid.
Leur mention dans les textes magiques chaldéens........	164
Témoignage d'Iamblique sur la nécyomancie babylonienne.	165
C'était un rite condamné..............................	167

APPENDICE.

Les six premiers chapitres de Daniel.

I. Comment cette question est forcément amenée par les faits étudiés dans le livre..................................	169
Arrêt de l'école exégétique sur la date du livre de Daniel.	170
Nécessité de le réviser d'après les documents cunéiformes.	171
Pourquoi l'on ne s'occupera ici que des six premiers chapitres...	Ibid.
Leur caractère à part.................................	172
II. État déplorable dans lequel nous est parvenu le livre..	173
Le texte hébreu et la version araméenne employée pour remplir ses lacunes...................................	174
Date de celle-ci sous les Séleucides....................	175
Manière dont les parties araméennes sont introduites dans Daniel et dans Esdras.................................	176
Nombreuses et évidentes fautes de copistes dans le texte de Daniel...	177
III. Arguments en faveur du livre......................	178
Faits historiques exacts qui ne sont que là.............	Ibid.
Caractère excellent des noms propres..................	182
Exactitude de la topographie..........................	183
Différence profonde entre Daniel et Judith à ces deux points de vue...	Ibid.

TABLE DES MATIÈRES

Pages.

Impossibilité d'attacher un caractère historique au livre de Judith...	185
IV. Autres données exactes du livre de Daniel sur Babylone, qui militent en faveur de son ancienneté..................	188
L'importance attachée aux songes............................	Ibid.
Le caractère sacerdotal de la royauté........................	Ibid.
Les diverses classes de docteurs............................	189
L'existence de la langue des sciences sacrées...............	Ibid.
L'école palatine...	Ibid.
La musique..	190
Le châtiment des blasphémateurs............................	191
La fosse aux lions..	192
Les statues d'or à Babylone..................................	Ibid.
Tablette contenant la plainte contre une malversation de deux fonctionnaires, au sujet de l'exécution d'une statue de ce genre...	193
Fonctionnaires mentionnés dans Daniel......................	196
Le chef des eunuques et le trésorier........................	Ibid.
Le chef des exécuteurs.......................................	197
Nombreux titres empruntés à la langue perse...............	198
Autres mots perses dans le texte............................	199
Ceci reporte le livre au temps des Achéménides............	200
V. La vision de Nabuchodorossor au IVe chapitre.........	Ibid.
La folie momentanée du roi..................................	204
Faits historiques qui paraissent s'y rapporter...............	205
Traces de l'emploi d'un document indigène dans une partie de ce récit..	209
Additions qu'y a faites l'écrivain juif........................	211
Humilité qu'avaient quelquefois les rois assyriens et babyloniens en s'adressant aux dieux............................	212
Le rédacteur juif a appliqué au Très-Haut les magnifiques épithètes que les inscriptions de Nabuchodorossor donnent à Mardouk...	213
Progrès de la notion d'un *deus exsuperantissimus* chez les Babyloniens à cette époque..................................	214
Comment les Hébreux l'ont envisagé........................	216
VI. Choses évidemment inexactes et altérées dans le livre.	218

TABLE DES MATIÈRES

	Pages.
Les cent vingt satrapies de Darius le Mède..............	218
Daniel chef des docteurs chaldéens.......................	219
Facile correction de ce dernier passage.................	220
VII. Conclusion...	Ibid.
Le texte primitif des six premiers chapitres date du temps de la Grande-Synagogue, sous les Achéménides.........	221
VIII. Objection tirée des miracles dont le livre est rempli.	223
Ils prouvent seulement qu'on y croyait quand il a été écrit, mais ne veulent rien dire quant à sa date...............	224
Une critique vraiment impartiale doit laisser de côté cet argument dans la discussion de l'époque des textes et n'a à l'aborder que pour la discussion des faits.........	225
Exemple de la stèle hiéroglyphique de Rhamsès XII.....	226

FIN DE LA TABLE

Paris. — Imp. Gauthier-Villars, 55, quai des Grands-Augustins. — 4560-75.

www.ingramcontent.com/pod-product-compliance
Lightning Source LLC
Chambersburg PA
CBHW070651170426
43200CB00010B/2194